「共感報道」の時代

涙が変える新しいジャーナリズムの可能性

谷 俊宏

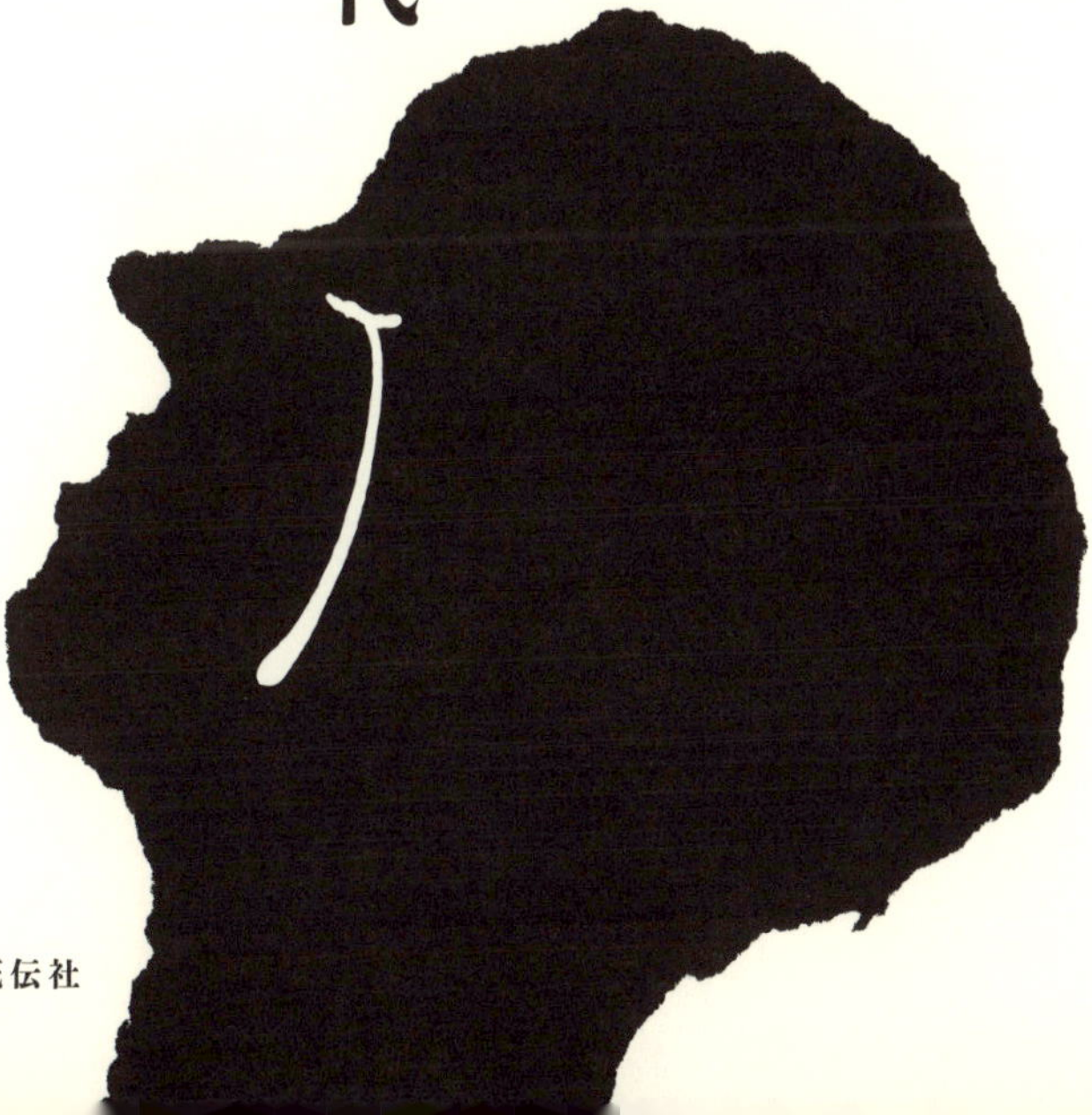

花伝社

耳あたりのいい情報、都合のいいニュースばかりが我々に集まってくる

（元テレビ朝日社長・伊藤邦男氏）

「共感報道」の時代――涙が変える新しいジャーナリズムの可能性◆目次

はじめに

日本の報道機関に所属する記者、ディレクター、カメラマン、アナウンサーたち「報道人」が「共感するチカラ」を試され、共感を柱にした「共感報道」の時代が幕を開けたのは、2011年3月11日に起きた東日本大震災がきっかけだった。

報道人は、取材・報道の過程で喜怒哀楽の素直な感情をあらわすことを極度に控える。わき起こる一時的な激しい感情によって、報道に求められる正確性、公平性、客観性を損なう恐れがあるからだ。過度の感情移入はニュース判断や取材手法を誤らせ、事実確認や適切な表現のさまたげになる。

大事件や大事故、大災害の現場に駆けつける報道人は、その惨状に圧倒されたり、目を背けたりすることはないと考えられてきた。少なくともそう信じられてきた。「強靭な精神と肉体を持つ、へこたれない報道人」「質実剛健なマスコミ人」とみられてきた。

実際は違った。

悲惨な現場に接した報道人に、急性ストレス反応や心的外傷後ストレス障害（PTSD）の疑いがあることがクローズアップされたからだ。

報道人は自分の感情に向き合うことや、感情を周囲へ適切に伝えることを教えられてこなかった。「記事はそこそこ書けても、感情表現は苦手」。そんな報道人が目立つ。日本の報道機関の基本方針となっている「客観報道」主義が、報道人の喜怒哀楽を拒み、心をかたくなにし、柔軟性を奪ってきた。

状況は激変した。

報道人は東日本大震災で「客観報道」主義の縛りから解放され、「共感報道」のゴールに達した。被災者の話を傾聴し、その心情に深く共感したとき、喜怒哀楽をあらわにした。号泣し、大粒の涙を流し、しゃくりあげた。

彼らが素直な感情を手に入れた瞬間だった。

「共感報道」とは、傾聴を通じて取材相手と感情を分かち合い、相互理解を目指す報道だ。報道人が流す涙はその象徴といえるだろう。

事実を正確かつ公平に伝える「客観報道」。報道機関独自の取材で権力犯罪や社会悪・不正を暴く「調査報道」。これら2つとは異なる「第3の報道」が、「共感報道」だ。

なぜ、いま「共感報道」なのか。

本題に入る前に、わたしの苦い思い出から始めよう。「共感報道」にかすりもしなかった失敗事例から。

死神じゃ!

「あなた、薄気味悪いわね。まるで死神じゃないの」

漫画家の赤塚不二夫さんの自宅を訪れるたび、夫人の眞知子さんからにらまれた。

「いろいろ知りたいこともあるんだろうから、別にいいじゃないか。ゲラゲラゲラ」

居間で胡坐をかいた赤塚さんは笑い飛ばし、わたしに冷たい視線を向ける眞知子さんに目配せする。同行した先輩記者は釈明する。

「彼はわたしと赤塚さんのやりとりをただメモするだけですから。他意はありません。なあ、そうだろ」

正座したわたしは先輩に向かって、黙ってうなずく。

赤塚さんが食道がんを患っていることを公表したのは1998年3月。その後間もなく、先輩記者とともに「赤塚番」になった。著名人の死亡ニュースでライバル社に出し抜かれることを恐れる担当デスクの命令だった。

当時在籍した共同通信社の文化部は89年、国民的歌手の美空ひばりさんが亡くなったニュースを速報することができず、特オチを喫する苦い経験を味わっていた。重要ニュースの特オチは、一般企業で言えば、会社の主力商品に深刻な欠陥が見つかり、回収を迫られる重大ミスに相当する。

こうした理由から、「赤塚番」のわたしと先輩記者は、死亡予定記事を用意することを求められた。赤塚さんの体調が急変したときには、どこの報道機関、マスコミよりも早く死亡事実をキャッチできるよう、人脈づくりを指示された。

その人脈の中心こそが、赤塚さん夫妻だった。

勘の鋭い眞知子さんは、赤塚さんが説明する病状を速記するわたしに向かって「死神」と呼んだ。「死神」と言われたのは初めての経験だった。

そう言われても、仕方がなかった。

赤塚さんがその後、順天堂医院へ入院したときも、面会の許可が出るとすぐに病室を訪ねた。にこやかに応対した赤塚さんと眞知子さん。ところが、眞知子さんはすぐに顔色を変えた。

「お見舞いなんだか、病状確認なんだか、さっぱり分からない。何なの、これって。特にあなた、嫌だわ」

わたしをあごでしゃくった眞知子さんの目を、わたしは見ることができなかった。

赤塚さんは漫才を楽しむかのように、そのやりとりをニコニコしながらベッドの上から見ていた。

殺生やなぁ

取材を受ける赤塚さん本人も本当は嫌だったはずだ。取材するわたしの方もやりきれなかった。

「殺生やなぁ」

わたしはそう感じた。赤塚さん夫妻も同じように感じていたに違いない。

毎回繰り出される同じ質問。「病状は?」「心境は?」「今後の抱負は?」。この3点に話は必ず絞られていく。雑談を時折交わしても、取材テーマに変わりはない。

赤塚さんに一瞬一瞬近づいてくる死とその意味について、わたしは深く掘り下げたいと考えたことはなかった。傍観者の立場に終始していた。

一方で、赤塚さんと親しい編集者、友人知人らに「赤塚さんの本当の病状はどうなんですか。事態が急変したとき、一報を入れていただけませんか」と片っ端から連絡し、取材網を広げた。

そうした取材の動きが赤塚さんの耳に入らないわけはない。赤塚家への出入り禁止に、いつなってもおかしくなかった。

夫人の眞知子さんが先に逝った。２００６年7月のことだ。赤塚さんが亡くなったのは08年8月。わたしと先輩記者が用意した死亡予定記事は各紙に掲載された。わたしも先輩記者も、別の部署へ異動した後だった。

赤塚さん夫妻とは、心を通わせ、感情を分かち合うことはなかった。「共感するチカラ」がわたしに足りなかったからだ。取材相手に疑いの心や嫌悪感を抱かせてしまった当然の結果だった。

「共感するチカラ」は、人の生死に関わる取材を始めたとき、必ず報道人に試される。そのチカラがあれば報道内容にあらわれる。赤塚さんの取材では、本人からも夫人からも信頼を得ることができなかった。それ以来、「共感するチカラ」と「共感報道」は、まだ漠然とはしていたけれども、解決しなければならないわたし自身の課題になった。

チカラを発見

「共感するチカラ」は、一体どうすれば手に入るのだろう。誰に聞けばチカラのありかを教えてくれるのだろう。

東日本大震災と御嶽山噴火災害（２０１４年9月27日）が答えのヒントを用意してくれ

ていた。

結論から言おう。共感するチカラを見つけるには、3つのことを心がけること。被災者や遺族を取材した報道人が出した結論だ。

一、【傾聴】自分の関心をすべて相手に向け、話に耳を澄ます。
一、【共感】わが身を相手の立場に置き換え、頭と心で相手を受け入れる。
一、【フィードバック】自分が感じたこと、考えたことを適切に伝えるとともに、当事者になった気持ちで自分のできることを可能な範囲で実行する。

東日本大震災と御嶽山噴火災害を担当した報道人は、傾聴と共感とフィードバックの3つを通じて、取材を「共感報道」にまで高めていった。

3つのうちどれ1つ欠いても「共感報道」は生まれなかったし、「共感するチカラ」は発揮できなかった。

3点目のフィードバックは、難しく見えて、難しくない。内容は極めて単純だ。混乱する取材相手が見落としている視点、知らない知識、入手しそこなった情報などを温かい言葉を添えて、伝えるだけでもいい。取材相手の法的権利を守ってくれる弁護士グループを紹介したり、問題解決に一緒に取り組んでくれる市民団体に口利きをしたりすることでもいい。フィードバックが適宜行われれば、親身になっていることが伝わり、相手は救われた気持ちになる。共感は深まり、互いの心はどこまでも響き合う。

赤塚さんが順天堂医院に入院したとき、わたしは赤塚さん夫妻へフィードバックできる情報や視点を持ち合わせていなかった。フィードバックしようと考えたことさえなかった。実際は、わたしがどんな気持ちで取材しているかを見破られまいと自分を偽り、汲々としていた。

わたしの取材手法がよかったか、悪かったかは、赤塚さんが逝去する日にすべて明らかになると自分では考えていた。他社に出し抜かれ特オチを喫したら、悪かった。他社の報道を圧倒し速報ができたら、よかった。そんな傍観者の次元からしか、赤塚さんの病状を考えていなかった。

なんと傲慢で無責任な取材姿勢だったことか。それは、「共感報道」を否定する態度とまで言ってもよいだろう。

第 *1* 章

報道人の号泣

1　初めてのケース

涙は突然に

報道人が感情をあらわにし、号泣した。さらに、泣いたことを次々と公表した。そうした報道人の存在が注目されたことはなかった。日本メディア史上初めてのケースは、東日本大震災が舞台だった。

報道人の涙は、共感の象徴だ。「ああ、この人と深いところでつながっている。お互いに理解できている」。もらい泣きしたり、もらわれ泣きしたりする取材の瞬間は、報道人と取材相手の間に思いやり、敬意、理解、受容、肯定感があふれていた。

岩手県大槌町で大震災の被災女性からお菓子を差し出された秋田テレビ（フジテレビ系）の高橋朋弘記者は、「秋田からわざわざ来てくれて、苦しいときに私の話を聞いてくれてうれしかった。元気づけられた」との言葉をかけられとき、こらえ切れなくなった。

現地のライフラインは壊滅し、町役場は津波に流されていた。

「本当にここに街があったのか」。呆然とする高橋記者。家族が写った写真のアルバムを探している女性と偶然出会い、取材の後も一緒にアルバムを捜した。

「なんとしても見つけてあげたい」

「自分たちは何をしに被災地に来たのだろうか」

「アルバムを捜している時間があったら、ほかの被災者を取材すべきではないか」

葛藤は続いた。結局、女性のアルバムはその日、見つからなかった。

女性は突然、お菓子を高橋記者に差し出した。救援物資の不足で、女性の食糧が底をつく恐れがあったことを高橋記者は知っていた。それだけに、差し出されたお菓子は受け取れないと固辞した。

涙は突然あふれた。

「被災地に取材に来て、被災者からこんな言葉をかけてもらえるとは考えてもいなかった。津波で自宅を失い、明日どういう生活が待っているのか想像もつかない状況のなかで、人はこれほどまで優しくなれるのだろうかと思うと、涙が止まらなかった」

高橋記者のリポートは、月刊誌『月刊民放』のシリーズ「記者たちがみた大震災」に収められた手記の1つ。2011年8月号から13年2月号まで、日本民間放送連盟の会員社であるテレビ・ラジオ局に所属する報道人32人が報告を寄せた。そのうち4人が被災地取材で泣いたことを公表した。

涙がこぼれないように

「上を向いて歩こう　涙がこぼれないように……」。永六輔作詞、中村八大作曲の歌「上を向いて歩こう」は、被災者の心情を映し出すとして、震災後間もないころからよく歌われた。この歌を口ずさむ宮城県南三陸町の水産関連会社社長を現地で取材したとき、高知放送（日本テレビ系）・田中正史記者の目にも涙があふれていた。

「被災した人たちが上を向くのは、ふとしたとき現実を思い出し、本当に涙が溢れてどうしようもなくなるからなんですよ……」

「つらいのは多少の差はあれど、被災者は皆同じ。皆がこの歌を歌うのは、上を向いて涙をこらえるところに共感しているんだと思う」

母親を津波から助けられなかった社長。彼の言葉を通じて、田中記者は死者・行方不明者の無念さを深く汲み取り、「取材する自分も上を向いてしか話が聞けなくなった」と打ち明けた。

静岡放送（ＴＢＳ系）の岸本達也記者の場合は、宮城県東松島市で土砂に埋もれた赤いランドセルを発見したとき、小学校１年生になったばかりのわが娘とランドセルを重ね合

東日本大震災で津波被害に見舞われた岩手県釜石市　2011 年 3 月 11 日、釜石市提供

わせ、泣き叫んだ。

「この女の子はいま、どうしているのだろうか。あの日、ちゃんと逃げられたのであろうか。ふと、最悪の事態が脳裏をかすめたとき、私は静かに目を閉じた。まぶたの裏に浮かぶ娘の笑顔。次の瞬間、泣き叫ぶ悲鳴に変わった。怖かったであろう――。張り裂けてしまいそうな感情が胸の奥からぐっと込み上げてきた」

3人のリポートに共通するのは、作為がなく、自然で、感動の押し付けがないことだ。取材現場で葛藤を抱えながらも、被災者に寄り添い、被災者の声に耳を澄まし、自分の感情に素直に従っている。わが身を被災者の立場に置き換えて、想像をめぐらしていることが分かる。

傾聴を通じて取材相手と感情を分かち合い、相互理解を目指す「共感報道」のエッセンスがここに詰まっていると言ってよいだろう。

鬼の目にも？

東日本大震災の報道人による取材リポートのうち、マスコミ関係者を驚かせたのは、読売新聞社記者・カメラマンの手記をまとめた本『記者は何を見たのか――3・11東日本大震災』（中央公論新社）だった。

読売新聞社はかつて、大阪社会部を中心に「事件報道」に強く、心身ともにタフな記者・カメラマンがそろっていることで知られていた。2015年度は「群馬大学病院での腹腔鏡手術をめぐる一連の特報」で、12年度は「東電女性社員殺害事件・再審請求審のDNA鑑定結果を巡る一連のスクープ」で、10年度は「核密約文書　佐藤元首相邸に　日米首脳『合意議事録』存在、初の確認のスクープ」でそれぞれ新聞協会賞（編集部門）を受賞している。

同書によると、77人のうち少なくとも12人が泣いたことを告白した。割合は15・6％になる。さらに1人は「涙が出そうになった」と述べ、別の1人は「目頭が熱くなった」と記録した。

実際に泣いた記者・カメラマンは、もっと多かったに違いない。

世界最大の発行部数を誇る読売新聞社の記者・カメラマンたちが涙を告白したことは、報道人の資質や情動が大きく変化したことを示しているのではなかったか。

トイレで号泣

こんなエピソードが同書に紹介されている。

東北総局に所属した男性記者は、震災直後に泣きながら記事を書いた。夫を津波で失い、乳幼児2人を連れて体育館に避難した宮城県気仙沼市の女性を取材したときの体験だ。

女性は取材中、涙を流さなかった。女性の「一つ一つの言葉から発せられる悲痛な叫びに胸を打たれるとともに、スローモーションのように克明に語られる被災時の状況に息をのんだ」と書いた。

乳児のほうは「おしっこをもらしても衣服が乾くまで待つしかなく、十分な栄養が得られず脱水症状を起こすほど厳しい状況の中を生きている」という状態だった。

記者は、女性の今後を想像するとこらえきれなくなり「涙が込み上げてきた」という。気丈に振る舞う女性を前に「泣くわけにはいかない。話を聞き終えるや否や、堰を切ったように涙がこぼれる。トイレに駆け込むと嗚咽するほど号泣した」と記録した。

立ちつくす

宮城県女川町に入った大阪社会部の男性記者は、町の体育館に詰めかけた被災者を前に不安でいっぱいになった。

「家族を亡くし、家を失った人たちばかりだと考えると、誰からどう声をかけてよいかわからなかった」

焦燥しきった男性に声をかけた。言葉は続かない。

津波による被害で壊滅状態になった岩手県大船渡市大船渡町　2011 年3月 13 日、大船渡市提供

「細かい状況を聞こうとすると、すぐに目が真っ赤に充血し、涙があふれそうになる。事件・事故の被害者や阪神大震災の遺族への取材経験はあるのだが、これほど深い悲しみに触れたのは初めてだった」

男性は自宅前の路上で、妻と母親と一緒に居たところを津波に襲われた。亡くなった妻と母親の遺体は収容できていなかった。行政の手が回らなかったからだ。

2人の遺体が放置された現場へ同行取材したとき、男性は遺体のそばで足元から崩れ落ち「ごめんな。寒いやろ。冷たいやろ」と叫んだ。

「絶叫とも嗚咽とも判断つかない声が、雪が舞う被災地に響いた」

「あまりの光景に、思考停止のまま立ちつくしてしまった」

「涙はあふれそうになったが、流れなかった」

男性記者はそう記した。

涙に感謝され

岩手県釜石市で被災した漁師を丹念に取材したにもかかわらず、記事にできなかった京都総局の女性記者。

「震災で食べるものがない病院で母さんは自分がつらいのにご飯を分けようとしてくれ

たんだ。こいつは本当にやさしいんだ。俺はな、母ちゃんのためだったらなんでもやってあげたいと心に決めてんだ」

こう言って手で涙をぬぐう漁師に対し、女性記者は涙が止まらなくなった。

漁師は言う。

「うれしいね。こんなにも泣いてくれる人がいるなんて」

取材当日、女性記者は漁師宅に泊まった。

「(漁師夫婦：筆者注) 2人の間に布団を敷き、3人で『川』の字になって横になった。幼い頃、両親とよくこんな風に寝たが、突然押し掛けてきた記者を娘同然に思ってくれたことが、うれしかった」

女性記者はこう結んだ。

涙は共感のシンボルに昇華した。

2　涙と共感の関係

NHKアンケートより

報道人と共感、涙の関係を考えるにあたって、貴重な調査のデータがある。

NHK放送文化研究所が2011年6月に実施した東日本大震災のNHK取材者アンケート（「『被災者』ではなく『被災した人』」）だ。

回答を寄せた記者、アナウンサー、ディレクター、カメラマン217人のうち、図らずも「泣いてしまった」とする記述が多く見られたと、同研究所の井上裕之氏は、アンケート結果をまとめた13年9月号の雑誌『放送研究と調査』で分析している。

ある男性カメラマンはアンケートに対し、「息子を亡くし納骨を行った被災者にインタビューしている際に取材相手と一緒に泣いてしまった。取材者としては失格だと思うが、それ以降は取材相手とより一層打ち解けたつきあいができるようになった」と述べた。

一方、ある女性記者は「被災者と一緒に泣いた。涙の止まらない私を見て被災者も泣きながら話してくれた」と語り、別の男性記者は「肉親を失った被災者の話を聞きながら、こちらも泣けてきて、2人で泣いた後、(中略)本音に近いことが聞けた。取材者という立場はあるが、同情というより『共感』を示したことが大きかったのではないか」と記した。

取材で気を使ったこと、心がけたことをアンケートで尋ねたところ、①相手の話を遮らずにじっくり最後まで聞く、②(座るなどして)目線の高さを同じくする、上から話さない、目や表情を見る、③無理強いをしない、PTSDに注意、④うなずく、相づちを打つ、⑤(迷惑にならないよう)取材に時間をかけない、取材の時間帯に気をつける——ことを挙げる回答が多かった。

被災者とコミュニケーションがとれたと感じられた際の「やりとり」や「ことばづかい」についての質問には、①しっかり聞く、②共感する、同調する、泣く、③言いたいことを語ってもらう、④「NHKを使って訴えて」「放送が役に立てば」「被災地のためになれば」などと話す、⑤自分の感情を出す、自分のことを話す、情報を伝える——とした回答が目立ったという。

大切なフィードバック

傾聴による感情の分かち合いを通じて相互理解を目指す「共感報道」にとって、報道人の自己開示と感情の伝え返し、フィードバックは欠かせない条件であることが、ＮＨＫのアンケートから分かる。

自分の感情を出したり、自分のことを話したりするのは、「一人称」で語ることだ。相手の話をどのように受け止め、何を理解したかを、適切な時に、適切な言葉で返すことが特に必要になってくる。これは報道人が人材教育や研修で教わることがない対人関係の技法で、報道人はこうした感情の伝え返しやフィードバックを被災地で暗中模索した。

井上氏も「回答からは、『取材』の際には、被災者の話をしっかり聞いて相手に『共感』することを大切にし、それをことばや態度で相手に伝えるようにしていたことがわかった」と結論付けた。

ＮＨＫ記者の肉声

ＮＨＫの記者たちの肉声は、ＮＨＫ東日本大震災プロジェクトの記録『明日へ――東日本大震災　命の記録』（ＮＨＫ出版）に収められている。

ＮＨＫの記者、ディレクター、カメラマン44人が手記を寄せ、少なくとも３人が自分の涙を告白している。

　震災発生の翌日に宮城県南三陸町に入った女性記者は、遺体を目撃する。「泥の下から白いシャツのようなものが見えた。これは遺体か、そうか現実なのかと思ったが、何も感じず、気づくと涙だけが頬を流れていた」と明らかにする。取材のため避難所の小学校に寝泊まりした女性記者は、5日後に仙台市に戻った。

「その翌朝、ホテルが用意してくれた握りたての温かなおにぎりを一口食べたとたん、号泣した。緊張した糸が切れたのか、死者への哀悼か、無力感か、何の涙だったのかはわからない」と記録した。

　震災直後に仙台市内で男児を出産した女性を取材した男性記者。女性の夫は宮城県南三陸町で地域医療に取り組む被災医師だった。

「分娩室には女性カメラマンに入ってもらい、命が誕生する瞬間を取材できた。私は廊下で待っていたが、産声が聞こえたその瞬間、震災発生後初めて〝うれし涙〟が流れた」

　男性記者はこうも記した。「被災者のために何ができたのか。むしろ何もできなかったという思いの方が強いが、当時唯一自分にできたことは、被災者に寄り添って話を聞き、一緒に涙し、その言葉を伝えるということだけだったように思う」と。

　被災者に直接会って話を聞く「直接取材」。それに対し、官公庁などの記者クラブを拠点に、発表資料を記事にしたり電話で補足取材したりする「間接取材」は、報道人に共感は起きにくい。読売新聞社の『記者は何を見たのか』でも、記者クラブに常駐する政治部、経済部、科学部の記者たちは、被災地を直接取材する機会はなかったとみられ、涙の告白はなかった。

ここから「共感報道」が成立する条件が浮かび上がってくる。まず、報道人は被災者、被害者、遺族に直接会って、話に耳を澄ます必要がある。相手に寄り添うには「時間」と「場所」を共有しなければならない。電話や電子メールで同情的な言葉をかけても心に響かず、「それならわたしたちのもとを直接訪ねてきてください」「現状を見てから報道してほしい」と言われてしまうだろう。

互いを深く理解し、共感の心を繰り返し分かち合った後なら、電話や電子メールを使うことができる。共感するチカラを育てたいなら、自分の居場所から、まず、飛び出していかなければならない。

では、「直接取材」をしないで、報道を指揮・統括した管理職やデスクたちはどうだったのか。彼らは災害発生直後に被災者から直接話を聞く機会はなかった。現場取材を長らく離れていたために、「共感するチカラ」を失いかけていたに違いない。それでも、部下たちの報道や取材活動に触れ、涙を流した。記者たちの涙のチカラは、管理職を巻き込むほど大きかった。

涙の伝播力

朝日新聞社の宮城県気仙沼支局長は、気仙沼港近くで見た津波の惨状を原稿にした後、音信不通になったという。安否が確認されたのは、港から水が引いた震災発生翌日で、朝日新聞社の仙台総局から送り込まれた別の記者と偶然会ったからだった。統括責任者の仙台総局長は「まる一日ぶりに電話が通じた。気仙沼支局長の無事を確認できたとき、私は不覚にも泣いてしまった。今回、記者たちは被災地の姿にショックを受けたり、被災者の言葉に感動したりして、よく泣いたが、最初に涙したのは私かもしれない」と、日本新聞協会の月刊誌『新聞研究』(2012年4月号)で語っている。

読売新聞社の『記者は何を見たのか』をまとめた管理職の編集局次長も、当時の編集局内の騒然とした雰囲気を回想して「若い記者たちのしたためた記事をゲラで読みながら毎晩のように目を潤ませていた」と同書で打ち明けた。

あくびは親しい者同士の方がうつりやすいという。涙もあくびと同じで、親しい者同士の方がうつりやすいのだろう。記者から同僚へ、同僚からデスクへ、デスクから部長、編集局幹部へと涙は伝わっていったのではなかったか。
涙の伝播力は想像以上に大きかった。

第 2 章

現場でもがく

1　試行錯誤の内省

迷う

東日本大震災を取材した民放テレビ・ラジオ局の報道人による『月刊民放』のリポートは、「共感するチカラ」を求めてもがく生身の人間の姿を伝えている。そこには、偏った職業意識や特権意識に縛られず、他人から自分を守る「職業の鎧」や「肩書」を脱ぎ捨てようとする誠実さがうかがえる。

「被災地に入り、取材者として、ひとりの人間として、迷い、悩み、考え続けた。絶望的な現実を前に、映像は無力で、言葉は貧しく、取材への姿勢ももろい」（前出18頁静岡放送の岸本達也記者、2011年9月号）

「事件や災害の報道で大切なのは『遺族の気持ちに寄り添うことだ』とよくいわれる。私もそう心がけた。しかし、石川県に戻れば帰りを待つ家族がいて、普段と変わらない生活を送れる私が『大変でしたね』『つらかったですね』と被災者にかける言葉は、全て軽

東日本大震災で放射能被害に見舞われた福島県浪江町では墓石が散乱していた
2014年9月、上野敏彦氏提供

いような気がした。被災者にどのような言葉をかけるべきだったのか、いまでも葛藤が続いている」（石川テレビ放送の男性記者、11年10月号）

作為はないか

「最愛の肉親を亡くしたばかりの遺族。その苦痛は計り知れないはずなのに、少しでもテレビ向きの『いい声』を引き出そうといろいろな質問を投げかける自分がいる。遺族の思いを伝えることがこの震災の現状を伝えるために必要だとの思いで質問を続けるが、本当にそれが被災者に寄り添っているのだろうかという疑問も頭のなかをよぎる」（山陽放送の男性記者、11年10月号）

「記憶は薄れていくが記録は残る。被災者は忘れられない記憶を胸に着実に前に進んでいく。いまの状況、その後の動き、またその後は……、終わりはない。記憶と記録の先にあるものを今後も追い続けよう」（青森朝日放送の男性記者、11年12月号）

「自衛隊の仮設風呂を取材しているときだった。『なぜこの町の被害が報道されないのか？』。突然、被災男性から怒り混じりに声をかけられた。そのとおりだった。原発事故の影響を懸念し、この日まで仙台より南にNNNの取材班が入ったことがなかった。『もっと被害の様子を発信してほしい』。男性が続けたその言葉に、背中を押された」（四国放送

の男性記者、11年12月号）

「私は『復興』という言葉が嫌いです。なぜなら、震災発生のその後を、全てこの言葉で済ませてしまう風潮があるからです。震災から2、3週間もすると、その言葉が少なからず出ていました。現場の被災地は何も変わらないのに。『復興』という言葉だけが独り歩きし、その後の震災報道の大半を占めたようにも感じます」「私たちマスメディアは、そのごく一部の方を取材し、放送し、被災地全体が『復興』に動き出したという固定観念を作り上げてしまったのではないでしょうか」（テレビユー山形の男性記者、12年1月号）

深い内省

「共感報道」の実現を目指し、自分自身を内省するリポートが多い。

「突然マイクを向けなかったか。カメラを回す前に、きちんとコミュニケーションが取れていたか。無理やり何かを言わせようとしてはいないか？　相手の立場に立って耳を傾けていたのか？　感情が高ぶったままの被災者が多くいるなかで、そんな当たり前のことを心がけていたのか、正直、自信はない」（テレビ熊本の男性記者・アナウンサー、12年1月号）

通常の取材から大きく踏み外した例もあった。

前出のテレビ熊本の男性記者・アナウンサーはこんなエピソードを記録した。

「昼食が終わった避難所に、突然ボランティアの炊き出しを引き連れてやってきたテレビもいた。『せっかく来たのにそれじゃ困る』と言われると、さすがに『撮影のために食わせるのか』と被災者も怒ったらしい」

同じ前出の四国放送の男性記者も言う。

「いつ開くかわからないスーパーの前にできた、うつむいた傘の列。遺体安置所の出口では『子ども用の棺もあります』と葬儀社が待ち構えている。海外通信社の車は浸水した街を猛スピードで駆け抜け、私たち取材クルーだけでなく被災者にも泥水をかぶせた」

内省する報道人の姿と比べると、一部の報道人による傍若無人ぶりが際立つ。

2　過熱、どこまで

芽をつぶす

「共感報道」の芽を自らの取材行為で潰したケースは、東日本大震災以外では、枚挙にいとまがない。

日航ジャンボ機が1985年8月12日に御巣鷹山へ墜落した事故。わたしは当時、入社2年目で、大阪地区の遺族を担当した。

デスクから聞かされたのは、遺体安置所となった群馬県藤岡市内の体育館で、棺の上に直接乗って写真撮影した報道カメラマンがいたことだった。遺族の心情を無視した行動に、関係者は怒り狂い、事態の収拾がつかなかったという。「そういうことは絶対しないように」とデスクから口酸っぱく言われた。どこの報道機関のカメラマンだったのか。カメラマンはその後どうなったのか。詳しいいきさつは知らされなかった。

犠牲者の中に現役の競輪選手がいた。自宅で営まれた葬儀・告別式へ、わたしは数珠を手に黒色のネクタイを結んで駆けつけた。参列者で自宅はあふれ、遺族へお悔やみを述べる機会はなかった。記者はわたし1人だった。「暑い中、取材、ご苦労さまですね」と温かい声を次々とかけてくれた親類縁者の方々。混乱する葬儀の中、急に目頭が熱くなり、心の中で手を合わせたことを覚えている。

常軌を逸した取材は、取材相手を傷つける。読者・視聴者を不快にさせ、結局は自分自身をも傷つける。最後にマスコミの信用を失墜させる。マスコミ不信の理由に「反共感報道」の姿勢があるのは明らかだろう。

無神経

2005年4月のJR福知山線脱線事故。

NHKと日本民間放送連盟によって設置された第三者機関「放送倫理・番組向上機構（BPO）」には、事故で軽傷を負ったとする男性の批判を含め、1カ月余りで134件の苦情が寄せられた。

NHK放送文化研究所による05年7月号の『放送研究と調査』は「BPOによると、寄せられた意見はかつてないほど多く、過剰取材とインタビュー時の配慮不足への苦情が大半を占めた」と指摘した。

軽傷を負ったとする男性の批判はこうだ。

「行方不明の乗客の家族に密着取材し、家族や関係者に精神的な苦痛を与え続けた無神経さと倫理感の無さ。奥さんが亡くなったご主人へのしつこいインタビューなど、某局のあまりに行き過ぎた報道に、事故に遭った者として心底から怒りがこみ上げた。後日の事故検証の中での関係者・遺族へのインタビューならいざ知らず、悲しみの渦中や捜索中の家族への思いやりに欠けたぶしつけで酷い取材や報道姿勢には我慢ができない。被災者・関係者に対するいたわりの心はないのか。このような事故・災害に際し、『あるべき取材活動』について真摯に検討してほしい」

視聴者の批判を受け、ＢＰＯの放送番組委員会では「最近のメディアは大ニュースをドラマ化しているのではないか。視聴率を意識して、真実追求よりドラマ性をいかに盛り上げるかの視点で取材が行われている。こうした傾向が視聴者のテレビ不信につながっているのではないか。もっと冷静に事態を分析する取材が必要である」などの意見が出されたという。

「無神経な取材」と「報道のドラマ化」は、一対であると言える。

3　当たり前の策

新聞協会見解

それに先立つ２００１年12月、日本新聞協会は、関係当事者を傷つける「集団的過熱取材」の見解をまとめている。

集団的過熱取材は「大きな事件、事故の当事者やその関係者のもとへ多数のメディアが殺到することで、当事者や関係者のプライバシーを不当に侵害し、社会生活を妨げ、あるいは多大な苦痛を与える状況を作り出してしまう取材」と定義されている。

集団的過熱取材から保護されるべき対象として、被害者、容疑者、被告人とその家族や、周辺住民を含む関係者が挙げられる。その中には、自然災害の被災者や遺族も含まれる。

東日本大震災では、集団的過熱報道をめぐる批判や意見は少なかった。被害の範囲があまりにも広かったからだ。岩手、宮城、福島3県のほか、青森、茨城、栃木、千葉、新潟、長野各県などにも及んだ。マスコミの取材が一極集中する状況は生まれにくかった。報道機関の取材拠点は分散し、死亡・行方不明者の数に比べると、報道人の数はあまりにも少なかった。集団的過熱報道が起きる条件は整わなかった。

最低限の順守

日本新聞協会がまとめた集団的過熱報道の対応策は、「共感報道」を考えるうえで参考になる。その対応策は「すべての取材者は、最低限、以下の諸点を順守しなければならない」とし、次の項目を挙げている。

①いやがる当事者や関係者を集団で強引に包囲した状態での取材は行うべきではない。相手が小学生や幼児の場合は、取材方法に特段の配慮を要する。

②通夜葬儀、遺体搬送などを取材する場合、遺族や関係者の心情を踏みにじらないよう十分配慮するとともに、服装や態度などにも留意する。
③住宅街や学校、病院など、静穏が求められる場所における取材では、取材車の駐車方法も含め、近隣の交通や静穏を阻害しないよう留意する。

当たり前のことが書かれているにすぎない。個々の報道人が配慮を尽くして関係当事者に寄り添う態度を示しても、報道人が何十人も集まれば集団の力学が働く。それぞれの配慮や気遣いは雲散霧消し、他のマスコミに後れを取ることを恐れ、取材はエスカレートする。「共感報道」が目指す取材とは相いれない取材が展開される。

東日本大震災で「共感報道」が生まれたのは、偶然が重なった面がある。被害の範囲が広範囲に及んだこと、特権意識をもったかたくなな報道人が少なかったこと、喜怒哀楽を適切に表現できる報道人が育っていたこと、斜陽と指摘されるマスコミが新しい報道スタイルの潮流を求めていたこと、読者・視聴者が共感を切望していたこと、社会が成熟し涙の価値を評価していたことが挙げられるだろう。

それらを後ほど（第8章と第10章）考察しよう。

第 3 章

冷たい取材

1　客観報道

個人に左右されず

報道人の基本的な行動規範は、藤田博司・我孫子和夫著『ジャーナリズムの規範と倫理』（新聞通信調査会）によると、「真実の追求」「独立の確保」「公正の貫徹」の3つであるとされる。事実に基づき真実を追求し、権力からの圧力をはねのけ、正義を貫かなければならない。それが目標になる。

日本新聞協会が2000年6月に制定した新聞倫理綱領は、報道人に対し「言論・表現の自由を守り抜くと同時に、自らを厳しく律し、品格を重んじなければならない」と求め、「新聞は歴史の記録者であり、記者の任務は真実の追究である。報道は正確かつ公正でなければならず、記者個人の立場や信条に左右されてはならない」とうたっている。

「記録者」が取材で最優先するのはファクト（事実）であり、主観や意見を排除してファクトをニュースとして報じる活動が「客観報道」だ。

ＮＨＫと日本民間放送連盟による放送倫理基本綱領も、「報道は、事実を客観的かつ正確、公平に伝え、真実に迫るために最善の努力を傾けなければならない」「何者にも侵されない自主的・自律的な姿勢を堅持し、取材・制作の過程を適正に保つことにつとめる」と定めている。自らを制御し、客観性を貫くのが独立した報道人というわけだ。

日本新聞協会の旧新聞倫理綱領（１９４６年７月制定）は、新聞が戦争遂行に加担した経緯から、「ニュースの報道には絶対に記者個人の意見をさしはさんではならない」と報道人の主観排除を定めていた。これが日本のジャーナリズムの規範である「客観報道」主義を培い、現在に至るといわれる。

客観の極み

そうした客観報道の極みは、どこにあるのか――。新人が最初に叩き込まれる死亡記事の報道にあると言ってよい。著名人の死亡発表文が報道機関に送られてくると、新人、若手が内容の確認と補足の取材を命じられる。

必要な取材項目は①氏名（読み仮名、肩書）、②死亡日時、③死因、④死亡場所、死亡事実、⑤年齢、⑥出身地または本籍、⑦自宅住所、⑧葬儀・告別式の日取りと場所、⑨喪主――だ。

記者個人の意見や考え、信条をさしはさむことはできないし、その余地もない。究極の客観報道といわれるゆえんだ。誰が書いても同じ。ニュースというより、情報といっていい面がある。

決算や官庁人事、会社人事も同じだ。ニュースに報道人の血は通っていない。だから読者・視聴者の心を打つこともない。取材相手が官公庁や企業の広報だったり、報道発表文だったりするため、報道人が取材を通じて共感を覚えることはまずないと言える。そこでは、当事者から直接話を聞くことがない「間接取材」が中心となる。

冷と温

客観報道が「誰が報じても同じ」次元にとどまる限り、「わたしだからこそ報じられる」と考える「共感報道」は、対極に存在する。前者が血の通わない「冷たい報道」とするなら、後者は血が通う「温かい報道」だ。

「赤塚不二夫さん死去」についても、血は通っていなかった。

わたしが準備した死亡予定記事はこうだった。

「シェーッ」「これでいいのだ」。赤塚不二夫さんの漫画のキャラクターたちが放つギャグは、高度成長期の日本列島を笑いの渦に巻き込んだ。

赤塚さんを漫画界のスターに押し上げたのは一九六二年に連載が始まった「おそ松くん」。六つ子とチビ太、イヤミらが繰り広げるドタバタ喜劇で、乾いた笑いとスピード感が広く支持された。

（略）

理屈よりも感性を重視したギャグ漫画の原点は、終戦直後に奈良県で過ごした少年時代にさかのぼる。周囲には個性の強い子どもが大勢いて、ドタバタの風土があった。「わんぱくな連中ばかり。遊びの世界ではだれもが主人公だった」（略）

赤塚さんの「横顔」を伝えなければならない原稿は、客観的事実の列挙だけ。赤塚さんの肉声や素顔、赤塚さんをサポートした夫人とのおしどりぶりは、盛り込まれていない。わたしの共感力と問題意識の欠如をはっきり物語っている。

誇れない報道

自慢することではないが、日本で死亡記事を最も多く書いた記者は、わたしに違いない。米国のロサンゼルス支局に在籍した２０００年12月から03年10月までの間に、報道した著名人の死亡ニュースは、100本を優に超える。米原子力潜水艦による実習船えひめ丸衝突沈没事故、米同時多発テロ、米軍アフガニスタン攻撃、イラク戦争開戦、俳優シュワルツェネッガー氏の米カリフォルニア州知事当選の取材の合間を縫って書いた。

それらのうち朝日新聞に掲載された記事の数は45本以上、毎日新聞は少なくとも80本、日本経済新聞は65本を超える。ロサンゼルスはハリウッドを抱えるため、カバーしなければならない俳優、映画監督は数え切れない。毎日のように誰かが亡くなり、取材に追われた。

取材・執筆した記事を見てみよう。「客観報道」が「共感報道」の対極にあることが分かる。

たとえば、2003年6月に死去した米俳優グレゴリー・ペック氏の記事はこうだ。

◎米俳優G・ペックさん死去　「ローマの休日」で魅了

【ロサンゼルス12日共同】名画「ローマの休日」のハンサムな新聞記者役で世界中の映画ファンらを魅了した米実力派俳優グレゴリー・ペックさんが十二日未明、ロサンゼルスの自宅で死去した。八十七歳。同氏のスポークスマンによると、死因は老衰という。AP通信が報じた。

カリフォルニア州出身。「栄光の日々」（一九四四年）で映画デビュー後、端正な容姿と上品な身のこなしで脚光を浴び、「アラバマ物語」（六二年）のフィンチ弁護士役でアカデミー賞主演男優賞に輝いた。「王国の鍵」（四四年）と「子鹿物語」（四六年）「紳士協定」（四七年）「頭上の敵機」（四九年）の熱演でいずれも同主演男優賞にノミネートされた。

永遠の妖精といわれたオードリー・ヘプバーンと共演した「ローマの休日」（五三年）で世界の映画界で不動の地位を確立。「白鯨」（五六年）や「ナバロンの要塞」（六一年）ではダイナミックな演技に挑戦。「ブラジルから来た少年」（七八年）で初めて本格的な悪役を演じ、話題をさらった。

ハリウッドでは誠実な人柄のため人望があり、アカデミー賞主催団体の米映画芸術科学アカデミーの会長を六七年から三年間務める一方、俳優の権利と地位向上にも熱心に取り組んだ。（略）

ペック氏死去では人となりを伝えるサイド記事も書いた。

◎永遠の妖精の魅力引き出す　誠実さで知られたスター

【ロサンゼルス12日共同】映画「ローマの休日」で永遠の妖精といわれたオードリー・ヘプバーンの魅力を引き出したのは、相手役を務めたグレゴリー・ペックさんだった。

「栄光の日々」（一九四四年）で映画デビュー後、演技力が認められ、すぐにハリウッドのスターに。温かく誠実な人柄で知られた。

アカデミー賞主演男優賞に立て続けにノミネートされた実績を背景に、緊張で演技がぎこちないヘプバーンを支え「自然体の妖精」をウィリアム・ワイラー監督とともに世界デビューさせた話はあまりにも有名だ。

同賞主演男優賞を受賞した「アラバマ物語」では、正義感あふれるフィンチ弁護士の役を演じ「米国の良心」と称賛された。「他人の痛みを知るにはその人の境遇に身を置かなければならない」と考え、一時は牧師の道を思案したこともあったほど。フィンチ弁護士の良心と正義に対する思い入れは、晩年も消えることはなかった。

しかし、スクリーンから伝わる誠実さが逆に演技の幅を狭め、六十歳代に入り「ブラジルから来た少年」で初めて本格的に悪役に挑戦したが、新境地を開くまでには至らなかった。西部劇を通じ「強くてやぼな米国」を体現した俳優ジョン・ウェインに対し「誠実で上品な米国」を最後まで追求したのがペックさんだった。

ペック氏と並んで大きな死亡ニュースとなったのは、ペック氏と同じ03年6月に亡くなった女優キャサリン・ヘプバーンさんだ。

◎K・ヘプバーンさん死去　アカデミー賞4度の女優

【ロサンゼルス29日共同】「招かれざる客」「黄昏」などでアカデミー賞主演女優賞を最多の四度受賞し、米ハリウッドの黄金時代を生きた女優、キャサリン・ヘプバーンさんが二十九日、老衰のため米コネティカット州の自宅で死去した。九十六歳。AP通信が報じた。

コネティカット州出身。幼少のころから演劇にあこがれ、ブロードウェーの舞台経験を経て一九三二年、「愛の鳴咽」で映画デビューを果たした。翌年の「勝利の朝」で早くも同主演女優賞を獲得、ハリウッドを代表する大女優の道のスタートを切った。「フィラデルフィア物語」（四〇年）ではコメディー調の演技に挑戦。「アフリカの女王」（五一年）ではハンフリー・ボガートとの見事な掛け合いを披露し、「旅情」（五五年）では繊細な演技にさらに磨きをかけた。

四二年の初共演以来、名コンビといわれたスペンサー・トレーシーとの最後の共演作「招かれざる客」（六七年）と「冬のライオン」（六八年）で二年連続同主演女優賞を受賞。ヘンリー・フォンダと共演した「黄昏」（八一年）で四度目の受賞を射止めた。これまでに四十本以上の映画に出演したが、九四年の「めぐり逢い」を機に映画から遠ざかっていた。

他のハリウッド女優らと一線を画して派手な生活を嫌い、率直な物言いを好んだため反発を招いたこともあったが、自立した行動は世界の女性たちの手本になった。

ヘプバーンさんについてもサイド記事を書いた。

◎豊かな表現力と強い個性　時代のモデルにも

【ロサンゼルス29日共同】アカデミー賞主演女優賞に最多の四度輝いた米女優キャサリン・ヘプバーンさんの魅力は、ブロードウェー仕込みの豊かな表現力と時代の先端を生き抜こうとする強い個性に支えられていた。

他人にへつらわない態度は一九三二年の映画デビュー時から知られていた。ブロードウェーの舞台演技を見た映画関係者がハリウッドに引き抜こうと画策したが、高額な契約金を要求するヘプバーンさんに二の足を踏んだこともあった。

舞台で培われた演技力は銀幕でもすぐに発揮。映画デビュー翌年には「勝利の朝」(三三年)で早々とアカデミー賞主演女優賞をとり「若草物語」(三三年)ではベネチア映画祭の主演女優賞も射止めた。

(略)

ヘプバーンさんが女性の熱い視線を最も浴びたのは四〇年代から五〇年代にかけて。自立した女性やキャリアを積んだ女性を好演し、自らのナチュラルな考え方と併せ「男性からの解放」を願う女性たちにとって「時代の進むべき道」を指し示したからだった。

思い入れのある死亡ニュースもある。03年8月に死去した俳優チャールズ・ブロンソン氏だ。

中学時代、ブロンソン氏が出演した男性用化粧品のテレビCMが日本でヒットした。高校生になって初めて男性用化粧品を買い求めたとき、迷わずブロンソン氏の化粧品を選んだ経験がある。崩れた三枚目オトコの美学を知ったのも、ブロンソン氏を通じてだった。とはいえ、記事は客観に徹し、私情は挟んでいない。

◎C・ブロンソン氏が死去　男くささで人気の俳優

【ロサンゼルス31日共同】映画「荒野の七人」や「さらば友よ」で知られ、男くさい風ぼうで日本でも人気があった米国の映画俳優、チャールズ・ブロンソン氏が八月三十日、肺炎のため米ロサンゼルスの病院で死去した。八十一歳だった。AP通信などが伝えた。

米ペンシルベニア州出身。リトアニア移民の子として生まれ、空軍に入隊し爆撃機B29の射手に。一九四六年から演技の勉強を重ね、長い下積み生活を経て映画「雨に濡れた欲情」（五三年）の演技で注目された。五八年スタートのテレビドラマ「カメラマン・コバック」の出演で独自の男くささが人気に。「荒野の七人」（六〇年）では村を救うガンマン役を熱演し「大脱走」（六三年）などを機に「男の中の男」を演じる個性派アクション俳優の地位を築いた。

アラン・ドロンと共演したヒット作「さらば友よ」（六八年）や自分自身が脚本のモデルになった「雨の訪問者」（七〇年）がフランス映画だったことから、フランスやイタリアなど欧州でも人気が沸騰し、国際的なスターの仲間入りを果たした。出演した代表作だけで約五十本に上る。

日本では七〇年代に男性化粧品「マンダム」のコマーシャルに登場し、あごに手をあて「ウーン、マンダム」というせりふが大流行。外国人俳優がCMに起用される先駆けともなった。（略）

個性の埋没

海外特派員の書く死亡記事も、日本国内の記者による死亡ニュースも、取材・報道する要素は変わらない。直接会ったこともインタビューしたこともない相手のため、同情や共感の心はわかない。締め切り時間、放送時間までにひたすら原稿を処理するだけだ。誰が書いても基本的に同じで、また同じでなければならない。

「歴史の記録者」（日本新聞協会の新聞倫理綱領）である報道人は、自分の個性が埋没していると感じるため、著名人の死亡ニュース取材を押し付けられる駆け出し時代を、一刻も早く抜け出したいと願う。

ファクトをおさえる重要性は頭では分かっていても、ファクト主義一辺倒から足抜けしたいと考えるのは、「客観報道」の罠だと言っていい。取材を促す動機や報道を下支えする情動がわきおこらないからだ。罠にはまり動けなくなると、「共感報道」に必要な「一人称」で自分を語ることを忘れたり、共感の気持ちを失ってしまったりする。

わたしの場合も例外ではなかった。

2 客観報道の倫理

動機とリンクせず

報道機関が独自に設ける編集綱領や報道指針・倫理は、報道人の取材動機や意欲には結びつきにくい。次の取材へつながるやる気や達成感は、取材相手からのねぎらいや感謝の言葉だったり、読者・視聴者からの反響が理由だったりする。彼らは、自分に届けられるこうしたフィードバックを重視し、やりがいを感じる。

「共感報道」を経験した報道人が使命感を保持し続けるのは、編集綱領が掲げる高邁な理想のためではない。そうではなく、「共感報道」を通じて培った利他精神や、誰かから感謝されたいと願う気持ちが理由だとも言えるだろう。それくらい彼らは、現実的で、世俗的だ。

報道の理想と現実のギャップは、各報道機関の編集綱領や指針、報道倫理を見れば分かる。

朝日新聞社は「綱領」で▽不偏不党の地に立って言論の自由を貫き、民主国家の完成と世界平和の確立に寄与す▽正義人道に基いて国民の幸福に献身し、一切の不法と暴力を排して腐敗と闘う▽真実を公正敏速に報道し、評論は進歩的精神を持してその中正を期す▽常に寛容の心を忘れず、品位と責任を重んじ、清新にして重厚の風をたっとぶ――としている。

毎日新聞社も「編集綱領」で▽取材報道、解説、評論、紙面制作など、編集に関するすべての活動に当たって、それが国民の表現の自由に根ざすことを認識し、すべての国民が、その権利を行使するのに寄与する▽言論の自由独立と真実の報道を貫くことをもって編集の基本方針とし、積極果敢な編集活動を行う。また読者、国民との交流をすすめ、社内外の提言はこの基本方針に照らして積極的に取り入れる――などとしている。

一方、読売新聞社は「読売信条」で「責任ある自由を追求する。個人の尊厳と基本的人権に基づく人間主義をめざす。国際主義に立ち、日本と世界の平和、繁栄に貢献する。真実を追求する公正な報道、勇気と責任ある言論により、読者の信頼にこたえる」と訴えている。

どれも重くてかたい。

日本新聞協会の同じ会員社であるNHKはどうだろう。「国内番組基準」の前文は▽世界平和の理想の実現に寄与し、人類の幸福に貢献する▽基本的人権を尊重し、民主主義精神の徹底を図る▽教養、情操、道徳による人格の向上を図り、合理的精神を養うのに役立つようにする▽わが国の過去のすぐれた文化の保存と新しい文化の育成・普及に貢献する——などとしている。

このように、報道機関が掲げる報道目標の基調はどこも似たり寄ったりだ。自由と平和と民主主義の確立のために、国民の「知る権利」に応えるとする。取材手法の柱である「客観報道」主義も各社に共通している。それでも、ニュース判断から報道内容まで現実の報道は各社で大きく異なる。政権寄りの社から反権力を標榜する社まで幅は広い。

勝負力の開発

報道機関の人材教育では、法令と報道倫理の順守、特ダネの獲得と紙面・放送への貢献、ミスの撲滅が主なテーマとなる。入社前後からさまざまな機会を通して「ニュース競争に勝てる報道人」の能力・資質の開発が行われる。特に人材開発担当らが関心を寄せるのは、忍耐力と行動力、自発性と好奇心、努力と謙虚さ、打たれ強さと冷静さ、愚直さとコミュニケーション能力の底上げだとされる。これらはどれも、特ダネを取るために不可欠な資質だと位置づけられている。

入社後は中堅が若手をマンツーマンで指導する「指導員制度」が実施されたり、取材・報道力を高める各種研修が定期的に開かれたりする。「客観報道」を支える報道倫理と取材技術の教育は、報道人が中堅になるまで続けられ、中堅になると次は若手を指導する役目が回ってくる。こうして「競争に負けないDNA」が報道機関で再生産される。

ところが、研修と人材教育の場ですっぽり抜け落ちている取材技術がある。「共感報道」に欠かせない傾聴や同情の仕方、共感の表現方法、フィードバックの具体的方法などだ。「一人称」で語ることをはじめ、取材を通じて報道人が何をどのように感じるのか、感じた気持ちを取材相手にどのように伝えるのか、取材相手が示す感情をどう受け止め理解するのか――。そうした情動に関する教育は無視されるか軽視され、いまも彼ら個人にゆだねられている。

個人の才覚や努力で特異な取材技術を身につけたとしても、それをむやみやたらに周囲へ教えるようなことはしない。取材技術は取材源と同様、秘匿されるべきもので「手の内は明かさない」との考え方が深く浸透しているからだ。

軍隊用語

報道機関では、穏やかで豊かな情動や柔らかい心は、尊重されにくい。それを示すエピソードに、軍隊用語が職場で幅を利かせていることが挙げられる。

部下のスタッフを臆面もなく「兵隊」と呼んだり、事件現場へ最初に駆けつける記者を「一番機」と称したり、記者クラブに所属せずに企画取材などに当たる記者を「遊軍記者」と言ったりする。

こうした軍隊用語の使用を馬鹿らしいとみなす感覚はなく、当たり前のように使われているのが実情だ。

ニュース競争は「戦争」にたとえられ、事件・事故の現場は「前線（戦場）」、前線の記者をサポートする後方支援は「兵站《へいたん》」と言い放ち、職場を挙げて宿泊付きの宴会に出かけることを「全舷《ぜんげん》」と呼ぶ。全舷は旧日本海軍の用語で、船員の半数が寄港地に上陸して休暇を取り、半数が艦艇に残ることを「半舷（上陸）」と称したことがもとになっている。

管轄外の取材領域や他人の持ち場を無断で取材することを「領空侵犯」と呼ぶ。

無神経極まりないと言われてもしょうがないだろう。

勝つか負けるかの戦いを締め切りや放送の時間ごとに強いられる記者たちは、職場で感受性や情動を培う余裕はない。休日返上で長時間労働を受け入れざるをえない彼らはいつ、どこで、「共感報道」の備えをすればいいのだろう。

第 4 章

熱い取材

1　調査報道

共感とは遠い存在

「共感報道」の対極にあるのが「客観報道」で、「客観報道」の対極に位置するのが「調査報道」だ。3つの報道スタイルはトライアングルを形成する。

「客観報道」は発表報道や垂れ流し報道と揶揄《やゆ》されることもあるように、報道発表文や記者会見などをもとに補足取材する「間接取材」の手法を一般的には取ることが多い。それに対し、「調査報道」と「共感報道」は、取材相手を「直接取材」するのが原則である。このため「調査報道」と「共感報道」の取材手法は近いと考えられる。

しかし、両者は近くて遠い存在と言えるだろう。

「調査報道」と「共感報道」の違いは、取材姿勢にあらわれる。独自の調査で不正を追及する「調査報道」は、相手の否定と批判から始まる。相手をまず、疑ってかかる。

「共感報道」は相手を肯定し受容することに終始する。つまり、寄り添って心を分かち合うことを目的にする。

フィードバックと返礼の方法も正反対だ。「調査報道」では相手からののしられたり、非難されたりするのに対し、「共感報道」では感謝される。

温度でたとえると「調査報道」は熱い、「共感報道」は温かい。「客観報道」はもちろん、冷たいとなる。

「調査報道」は、報道機関が調査・取材しなければ決して明るみにでない社会の不正や権力の犯罪を追及する。「巨悪」を懲らしめることを目的とするから、報道機関の存在理由を広くアピールできる。

本格幕開け

日本の報道機関が模範とするのは、ニクソン米大統領を辞任に追い込んだ米紙ワシントン・ポストのウォーターゲート事件報道だ。調査報道の金字塔とされる。

ワシントンの民主党全国委員会本部に盗聴装置を仕掛けようと侵入した犯行グループが逮捕された事件をきっかけに、カール・バーンスタインとボブ・ウッドワードの若手記者が1972年から74年にかけて独自調査した報道は、世界から脚光を浴び、ハリウッドで映画化された。主演はダスティン・ホフマン、ロバート・レッドフォードだった。

日本では1988年に朝日新聞社と読売新聞社、共同通信社の3社の調査報道が注目され、日本における調査報道時代の本格的な幕開けとなった。朝日は竹下内閣退陣にまで発展したリクルート疑惑を、読売は警察官ネコババ・主婦犯人視疑惑を、共同は岩手県出納長現金授受疑惑を追及した。3社の担当者によるリポートが、わたしの分を含め88年の「新聞研究」に収められている。

いずれも権力側が地位を使い不正を働いた。報道機関が独自の取材と調査を徹底しなければ、闇に埋もれてしまった事件だ。

2　岩手県出納長疑惑

発端は黒い噂

わたしは共同通信社盛岡支局のキャップとして当時、岩手県出納長の疑惑を追いかけた。岡山支局から盛岡支局に異動になった88年4月、岩手県庁内で黒い噂を聞いた。「県でナンバー3の出納長が業者と癒着し、県政をゆがめている」。報道人になって4年目の駆け出し。初めは半信半疑だった。癒着が事実ならとっくに捜査当局は摘発しているだろうし、他社も報道しているだろう。誰かが有利な政治状況をつくろうと、ガセネタを流しているに違いない。背景に人事抗争があるとわたしはにらんだ。「入手した情報はまず疑ってかかれ」と新人研修で口酸っぱく指導されていたため、噂に対する疑問は消えなかった。

だめもとで朝駆け、夜回りを始めた。相手は県庁関係者と知事の後援会幹部ら。人事抗争はなかった。出納長は知事の〝懐刀〟だった。副知事をしのぐ勢力があり、国政への転進を取りざたされる実力者。出納長をおとしめる噂を流せるのはただ1人――。予想は覆された。派閥争いもなかった。

疑惑、固まる

噂が形になるまで2カ月かかった。出納長が企画調整部長だった82年、企業誘致の責任者だった当時に手を染めた不正だった。

「癒着した不動産業者との間で現金100万円の受け渡しがあった」

「不正の舞台となったのは、日本アイソトープ協会が開設した全国初の医療アイソトープ廃棄物処理施設、ラジオメディカルセンター（RMC）の用地買収事業」

「RMC工事を受注したゼネコンの盛岡営業所長が不動産業者に現金受け渡しを指示した」

関係者の証言には信憑性があった。

まず、不動産業者のインタビューに踏み切った。県出納長は受け取った100万円をどうしたのか。取材で得た情報を次々とぶつけた。相手の機嫌を損なわないように、かといって相手に迎合することなく、たんたんと誠実に質問を繰り出した。

「県庁は腐っている。特に出納長は腐敗の根源だ。彼のために県政はゆがめられている」

インタビューが2時間を過ぎたとき、不動産業者の言葉に怒気がこもったのを感じた。

手ごたえ

「これはいける」と正直思った。「彼には良心がある。悪を憎む心は残っている。そこをくすぐる……。いや、良心を刺激するのではなく、それに敬意を払うこと。不正の一端を担ったとはいえ、彼の人間性は尊重されなければならない。それを出発点にしよう」

「また、お会いできますか。電話をしてもいいですか」

「電話は困る。ミドリカワの偽名で、こちらから連絡する」

1週間後に電話があった。次に連絡があったのも、その1週間後だった。

自らが関わった不正に対する罪悪感と、それから自由になる解放感を求める気持ち。今後の展開が見通せない不安とのはざまで、不動産業者の心は揺れた。「真実を話してください」と説得を続けるわたしの言葉に躊躇しながら、最後に不動産業者は覚悟を決めた。

急ぐ

6月末に開会する県議会定例会が迫っていた。県議会で出納長疑惑が取り上げられれば、疑惑がもみ消されることはない。県議会にも良識はある。独自の県政調査権を行使するかもしれない。そう考えて、取材を急いだ。

県議会定例会の直前、盛岡市内のサロンで、ゴルフウェアを着た不動産業者と向かい合った。

「82年3月ごろ、中堅ゼネコンの盛岡営業所長から日本アイソトープ協会が計画したRMC用地約12ヘクタールを取りまとめるよう依頼され、4人の地権者と交渉した」

「6月に地権者4人全員と土地売買契約を交わした。『契約締結が無事終わったら、世話になった県の出納長に100万円を渡せ』と営業所長から言われた」

「同じ年の12月末、出納長の自宅を訪ね、封筒に入った100万円を直接渡した」

不動産業者は現金の授受を克明に明らかにした。

冷静

わたしは間髪を入れずに質問した。自分自身でも驚くくらい冷静だった。

「現金を渡した部屋はどこですか」

「出納長のほかにだれか同席していましたか」

「ゼネコンの営業所長はその場にいましたか」

「カネを受け取ったとき、出納長は何と言いましたか」

「出納長の反応はどうだったですか」

「彼は、封筒の中身を確認しましたか」

「出納長は、カネを何に使うか言っていましたか」

満を持して畳みかけた。

「現金を渡した証拠はありますか」

「現金を渡したことを証明するものが何かありませんか。モノでもヒトでも構いません。何か」

金銭をめぐる密室のやりとりは、当事者だけしか知らない。強制捜査権を持つ捜査当局ならカネの流れを追うことはできる。報道機関は強制捜査権がないから、関係者の証言とわずかばかりの物証に頼らざるを得ない。

もどかしかった。

「せめて当事者しか知らない『秘密』が分かれば、現金授受を補強する材料になるのに……」

秘密の暴露

不動産業者も冷静だった。

「『どうも』と言って現金封筒を受け取ると、ポンと茶箪笥の上にそれを置いた。出納長宅の居間に2人きりだった。出納長は、終始満足げだった。それからすぐにゼネコンの営業所長に100万円の受け渡しを報告した」

当事者しか知り得ない「生々しい秘密」があらわになった。不動産業者の証言は十分に信用できる。取材の質問に誘導や強要はなかったから、出納長とゼネコンの営業所長に対して事実関係を突き付けることができる。

それにしても奇妙な関係だった。

取材で攻めるわたしと守る不動産業者。対立の構図は、取材を重ねることで、関係が微妙に変わった。互いを尊重するようになった。出納長の疑惑が報道されれば、不動産業者は社会的信用を失う。代償は大きい。それでも、わたしに重い口を開いた。県庁の不正は正されなければならない。真実は明らかにされる必要がある――。その1点だけで、2人はつながった。同情も共感もない代わりに、それぞれの立場から「真実」を求める「共謀心」とでも呼べる感情が根を下ろした。

そう、共謀する心だ。

決戦のインタビュー

88年6月30日の岩手県議会定例会の初日、わたしは出納長室で単独インタビューに臨んだ。

出納長が現金授受を否認しても、黙秘しても、記事を出す段取りはできていた。

インタビュー直前の臨時支局会。いつもの支局内の応接コーナーではなく、県関連施設の喫茶室で開かれた。出入り業者を含め支局員以外がオフィスを出入りすると、調査報道の情報が報道前に漏れる危険があったからだ。わたしは用意した予定記事と取材インタビューの要点を4人の後輩に説明した。

「出納長のインタビューには、証言の録音係として1人同席してほしい」

「知事の反応とコメントが欲しい。知事邸の夜回りを含め、誰かやってくれないだろうか」

「警察と検察の今後の出方を知る必要がある。手分けしよう。県警本部長は君。地検次席検事は君に頼んでいいかい」

盛岡支局員の4人は入社4年目のわたしを筆頭にして、順に3年生、2年生、新人の構成だった。先輩記者たちから「少年探偵団」と揶揄《やゆ》されるゆえんだ。

上司の支局長は機転を利かし、取材拠点を急遽、ホテルの一室に確保した。出稿を点検し指示する仙台支社デスクとの調整をスムーズにするためだ。

「原稿を冷静に出すには、雑音はない方がいいだろう。今回は失敗が許されない。ホテルで思う存分、原稿を書いてみろ」

支局長と後輩に背中を押され、インタビューに踏み切った。

自信と余裕

小柄な出納長には自信と余裕があった。わたしの質問に気色ばむことはなかった。高級地方官僚というより、政治家然としていた。想像通りだった。

――企画調整部長当時、RMC用地のとりまとめをした不動産業者から現金100万円を受け取ったという話ですが。

「わたしの親戚筋から頼まれて不動産業者をゼネコン側に紹介した。用地買収後の1982年暮れ、不動産業者がゼネコンの盛岡営業所長の勧めとかで、わたしの自宅に現金を封筒に入れて持ってきた。突っけんどんに返すのはしのびなく、取りあえず受け取った。その日のうちに営業所長に電話をして、翌日、自宅まで来てもらい返した」

——営業所長はすんなり来てくれたのですか。

「そうだ。彼とはそれまで地権者との折衝を聞くなど付き合いがあった」

——なぜ、不動産業者に直接カネを返さなかったのですか。

「すぐに返すのは何となく気の毒だと思ったからだ」

——どうして中身が100万円と分かったのですか。

「中身を勘定したわけではないが、そんな感じがした」

——不動産業者にとっては紹介の謝礼という意味があったのではないですか。

「本人から聞いてみないと分からないが、たぶんそうだろう。県が直接やっている仕事だったら即刻返したと思うのだが……。公共事業でそれをやれば贈賄や収賄になるが、民間事業なので特定の業者をあっせんするなどの便宜を図っても問題はなく、刑事責任もないはずだ」

——ゼネコンの所長はその後、カネをどうしたのですか。

「分からない」

出納長は悪びれもせず、現金授受を認めた。事態を乗り切れると踏んだのだろう。わたしたちの調査報道に追い風が吹き始めていた。

上司へ連絡

「県出納長がたった今、現金授受を認めました!」。上ずった声で支局長と仙台支社デスクにわたしは報告した。

ゼネコン側は「出納長に100万円を渡せなどと要求したことは一切ない。不動産業者は自ら進んで100万円を持って行った。その後、出納長から返された100万円をどうしたかについては聞いてくれるな。詳しいことは記憶がないので分からない」と答えた。

調査報道の記事が地方紙を飾った翌7月1日の早朝、出納長の自宅前には、わたしと後輩の2人しかいなかった。マスコミが殺到すると予想していただけに、拍子抜けした。

午前8時半、出納長が玄関に姿を現した。

わたしは黙って近づいた。

「本当に100万円を返したのですか。不動産業者は否定し、ゼネコン側はあいまいですが」

出納長は迎えに来た公用車の前で立ち止まり、わたしの質問に答えた。

「100万円は受け取ったが翌日には返したので、なぜ新聞に疑惑と書かれるのか理解できない。業者にわいろを要求したわけでもなく、勝手に持ってきたものだ。あなたたち（記者）は、そういうことがないから、わたしの気持ちが分からないのだ」

辞意について尋ねると、「問題がない以上、辞めることは絶対にない」と強調した。

人を憎まず

逃げも隠れもしない出納長に驚いた。わたしの目をしっかり見て、釈明した。しかも支局の後輩は、質問を浴びせるわたしの背後から立て続けに写真を撮っていた。閑静な住宅街にシャッターを切る乾いた音が響いた。

出納長が犯した不正の責任は重い。現金の授受だけでなく、ゼネコンから接待を受けたり、ゼネコンとゴルフに興じたりする振る舞いは、高級役人として許されない。とはいえ、「ハンディキャップがあり、公私にわたって人一倍苦労し、はい上がってきた」（岩手県議会議員）といわれる出納長の半生まで、完全否定する気持ちにはなれなかった。

罪と悪を憎む気持ちと人を愛する心を同時に持ち合わせることの大切さは、新人時代から他社の先輩記者に教わった。「罰を下すのはわたしたちではない。法であったり社会であったりする。それを勘違いする記者が少なくない。報道は問題や課題を提起するのが役目だよ」（毎日新聞社大阪本社・幸良雄史記者）と。

青年探偵団？

調査報道が実を結んだときから「少年探偵団」の汚名は返上し、「青年探偵団」の名前を襲名した。背伸びをしないでわきを固め、分相応の報道に徹することを求められたわたしたちにとって、「青年」の響きは最高の誉だった。

わたしと同じ県政記者クラブに所属する記者たちは、調査報道に連帯感を示すグループと、敵意をむき出しにするグループに分かれた。

出納長の自宅前から記者クラブへ戻ると、ライバルたちに激励される一方で、奈落の底へ突き落された。

まずは、連帯感。

「スクープはあなたたち共同通信が放った。おめでとう。一緒に県の腐敗を追及しましょう。わたしたちもやりますよ。まあ、見ていてください」

敬意をもって、そう言葉をかけてくれるグループに対し、にらみつけてきた記者たちの行動についてはは理解に苦しんだ。

中でも記者クラブ古参の2人は、誰も使わない県議会の記者室にわたしを呼び出し、部屋から出られないようにした。閉じ込められたも同然だった。

「尋問」

彼らの「尋問」はすぐに始まった。

「君の情報源は一体、誰なんだ。あんな記事を書かれ、同じ記者として大変迷惑している。君の目的は何だ。こっちにもメンツがある。君の手のうちは分かっている。さあ、誰が情報源か、言えよ」

取材源の秘匿は報道人の最大の責務であり、絶対の職業倫理だ。出納長や不動産業者がわたしの情報源を探るため、あの手この手で迫ってくるのなら理解できる。しかし、現役の報道人が、恥も外聞もかなぐり捨て、恐喝まがいの行動に出たことに言葉を失った。古参の2人も取材源秘匿の責務は所属先の報道機関で課せられている。

同じ記者クラブのライバルから「尋問」されるのは初めての経験だった。

口を閉ざすこと約1時間半。最後は懇願だった。

「こちらのメンツを立ててくれ」

メンツで取材・報道する報道人はいないし、いてはならないと思っていた。そんな考えは古参記者2人の言動で木っ端みじんに粉砕された。2人の言動は個人の信念からだったのか。それとも、2人が籍を置く報道機関の組織としての意向だったのか。それは分からなかった。後ろから鉄砲を撃ってくる報道人との連帯や協力はあり得ない。自尊心のかけらもなく、嫉妬心にとらわれた報道人に、権力の不正を追及する資格はない。

早い幕引き

現金授受に端を発した出納長の疑惑は、日本アイソトープ協会のRMC用地買収事業をめぐり、国土法に基づく県知事への届け出を怠っていた疑いや、国土法違反の表面化を恐れた県側が違反事実をもみ消していた疑惑が明らかになった。事務手続きのミスも相次ぎ、疑惑が報じられる3カ月以上も前に出納長が「返却せずに持っていた100万円」を不動産業者へ返したがっていたとの証言が飛び出した。あらためて100万円の行方がクローズアップされた。

疑惑の連鎖は新たな不信を生み出し、県議会は本会議で「綱紀粛正決議」を採択した。疑惑の幕引きはあっという間に決まった。わたしたちが報じ始めてから12日目。「出納長をこれ以上かばうことはできない」と与党、自民党県議団の意向が強く働いた結果だった。

それから1週間後、出納長は県知事に辞表を提出した。「更迭」を求める内外の声を無視し、知事は辞表をそのまま受理した。

勝利と敗北の味

悔しかった。

出納長と接点のある県会議員に加え、国会議員関係者の影が疑惑の背後でちらついていたからだ。そこへたどり着くには、出納長の決定的な証言や証拠が必要となる。強制捜査権や調査権のない取材は、取材相手の良心にすべてを負っている。否定や黙秘が続くと取材は行き詰まる。黒を灰色としか認定できない限界に突き当たる。出納長の新証言はないものねだりだった。調査報道の勝利と敗北の味は、どちらも苦かった。

攻守の立場は違っても、わたしの調査報道を出納長と不動産業者が支えてくれたことは間違いない。なぜなら彼らは当事者だったから。彼らへの敬意と畏れの気持ちは変わっていない。「客観報道」「共感報道」とは、また違う感情と認知の動きだ。2人が明らかにした真実と、2人が最後まで明らかにしなかった真実。前者には心から感謝している。

関係者から出納長の訃報が入った。2017年3月7日、誤飲による窒息で逝去したという。享年88歳。調査報道から34年が経った。冥福を祈るばかりである。

第 5 章

熱くて冷たい取材

1　歴史を記録する

誤報か？

岩手県出納長疑惑から7年後、わたしは再び、勝利と敗北の味を知ることになる。

戦後50年の１９９５年８月31日付の産経新聞朝刊社会面に「━朝鮮人戦没者の分霊を行った━共同通信の記事に靖国神社が抗議『清祓式』説明を無視され⇩誤報」の見出しが躍った。

産経新聞の記事は、わたしが取材した記事を、靖国神社の言い分に沿って厳しく批判していた。記事の内容は次のとおりだ。

> 東京新聞など主要ブロック紙の今月二十六日付朝刊に掲載された「靖国神社が朝鮮人戦没者の分霊を行った」とする共同通信社の配信記事について、靖国神社は三十日、「分霊は行っていない。著しく事実と相違する」として共同通信社に抗議、訂

正を求めた。

問題の記事は《靖国神社が、第二次世界大戦などで日本の軍人・軍属として戦没し、同神社に合祀（ごうし）されている朝鮮人約二万一千柱について、韓国の民間団体の要請を受け、霊を表す「霊璽（れいじ）」を清め、霊を分ける意味と受け取れる神道儀式を行っていた》という内容だ。

しかし、靖国神社側は「分霊という儀式を行ったのではない、ときちんと（取材記者に）説明したのに、無視された」（花田忠正管理部長）として、今回の抗議に踏み切った。


関係者の話に基づくとされる報道は続く。
①靖国神社で儀式を受けたのは韓国人の鄭琪永さん（75）。東大出身の元学徒兵で戦後、朝鮮半島出身の学徒兵の組織の一員として韓国人戦没者の慰霊事業に尽力してきた。
②儀式は、鄭さんの知人で「国柱会」会長の田中香浦さん（73）に「靖国神社に合祀されている朝鮮人戦没者の霊を韓国に奉還（霊を分離して移すこと）したい」と相談したのがきっかけ。
③田中会長は同じ学徒兵で戦友だった靖国神社の大野俊康宮司（73）に鄭さんと2人で

頼みに行った——と。

これらの経緯を示したうえで、同紙はこう指摘した。

靖国神社としては前例上、霊の奉還や分霊はできないことになっていたが、霊璽を祓い清めた上で、その霊璽を韓国に持ち帰り、朝鮮人戦没者の霊を招くことは可能なため、鄭さんにそのように言い、鄭さんは二十三日午前、霊璽にあたる「朝鮮人犠牲者の霊」などと書いた奉書を祓い清める「清祓（きよばらい）式」を受けた。

ドミノ現象の恐れ

靖国神社側が恐れたのは「ドミノ現象」だ。事実上の「分霊」、実質的な「分霊」が正式な「分霊」に要求を高め、次に「霊の取り下げ」の圧力を導く。それは、神社としての主体性を揺るがしかねない。特に、政府首脳らの参拝は中国や韓国からの反発を招き、靖国神社に合祀されている「A級戦犯の霊」取り下げ論議に拍車を掛ける。そうなると、収拾はつかない。

果たして、靖国神社清祓式報道の真相はどうだったのか。

わたしの報道を受けて、清祓式に立ち会った当事者が神社密室での会話、やりとりを封印した。沈黙に転じたのは、保身のためだった。

前出、岩手県出納長疑惑のとき、わたしは『新聞研究』（日本新聞協会発行／1988年12月号）に「調査報道の限界」について書いた。

「県側が『ノーコメント』を繰り返す限り、不法行為は限りなく『クロ』に近い『灰色』にとどまった。私に百パーセントの立証ができないからだ。私たちの調査報道の限界だったかもしれない。『真っクロ』と事実認定できなかったのは、ある意味では『知る権利』が『公務員の守秘義務』に敗北したとも考えられる。私の力量不足でもあった。それを見越したように、『これだけ疑惑と書き立てればもういいではないか。疑惑の追及をやめ、おたくさんもいい加減大人になったら』と忠告してくれる同企画調整部の幹部職員もいたほどだ」と。

ノーコメントや沈黙、前言撤回、虚偽証言は、調査報道にとって難敵だ。報道の信憑性に関わるからだ。靖国神社清祓式報道も共通する問題を抱えていた。

歴史の記録

権力の腐敗や不正、犯罪を独自取材で追及する「調査報道」には、歴史的事実を独自に掘り起して問題提起する報道が含まれる。報道文が公表されることはないものの、わたしたちの来し方行く末を知り、現在の立ち位置を確認するには欠かせない報道だ。独自の調査で権力犯罪を追及するのを「狭義の調査報道」と呼ぶなら、独自の調査で歴史の真実を掘り起こすのは「広義の調査報道」と言っていいだろう。

戦後50年の節目の年に、わたしが取り組んだ靖国神社清祓式報道は「広義の調査報道」に相当し、戦争責任に関わる重要ニュースの1つだった。

取材の経緯を明かそう。

各紙朝刊の1面に「合祀朝鮮人の霊分ける」（東京新聞）、「靖国神社　霊分け？で異例の神事」（北海道新聞）、「朝鮮人対象に〝霊分け〟」（信濃毎日新聞）の見出しが躍ったのは、1995年8月26日。

そのわずか2日前、わたしを名指しした電話が共同通信社本社にあった。24日午後6時すぎだった。それが清祓式取材の始まりだった。

「靖国神社との交渉で進展があった」

電話の主は、朝鮮半島出身の元日本軍人・軍属。韓国・釜山で慰霊事業に取り組む韓国人男性だった。

要領を得ず

話は要領を得なかった。わたしは粘った。

「直接会って話を聞きたい。時間をつくってほしい」「時間はない。詳細は話せない」。押し問答が続いた。「話せるか話せないかは、直接会ったときに伺います」。面会の約束は、韓国人男性が投宿する都内の施設へわたしがタクシーで駆け付けることで取り付けた。

どんな調査報道も端緒こそがすべてだ。重大ニュースの手がかりや糸口は小さく、はかない。あらわれたかと思うとあっという間に消え失せる。韓国人男性がわたしに電話を寄こしたのは、日本政府に補償などを求めた戦後補償裁判の傍聴を通し、顔見知りになっていたからだった。

タクシーの中でしきりにジグソーパズルを解いた。ピースは靖国神社、韓国人、朝鮮半島出身の元日本軍人・軍属、戦後50年、戦争責任、個人補償、謝罪、日本政府……。解けないパズルについて、「わたしに電話を寄こしたのは、誰かに話を聞いてもらいたい気持ちが強いからではないか。靖国神社との交渉の苦労を知ってほしいからに違いない。わたしでいいなら、話をじっくり聞いて、労をねぎらってあげたい」とわたしは考えた。

解けたパズル

指定された施設の暗いロビーで彼は待っていた。わたしたち以外には誰もいなかった。

「やはり話したくない……。申し訳ない」。頭を下げる韓国人男性。

「靖国神社との間で何があったのでしょうか」。いぶかるわたし。

「国柱会の田中会長が仲介してくれたんだ。彼は朝鮮人戦没者の慰霊に心を砕いてくれている。わたしと彼は友人で『俺、お前』の関係だ」

重い口を開いた韓国人男性に、わたしは穏やかに質問した。

「靖国神社が何をしてくれたのでしょうか。独自の戦後補償行為ですか」

国柱会は宗教法人で、「純粋日蓮主義」を掲げる在家仏教教団。満州事変を首謀した旧陸軍の石原莞爾中将、詩人で童話作家の宮沢賢治が会員だったことで知られている。

わたしと韓国人の問答は1時間以上も続いた。疲れ切った彼の表情が緩んだのは「靖国神社の対応を示す具体的な証拠はありますか」と質問したときだ。

書類入れから出した1枚の紙。

「平成七年八月二十三日
於　靖国神社
霊璽清祓式執行」

紙にはそう記されていた。

それから説明は1時間以上に及んだ。

「8月23日午前10時から正午まで、わたしと宮司、国柱会会長の3人で、靖国神社で会った。仲介してくれたのは会長だ」

「宮司は、朝鮮半島出身の軍人・軍属で合祀されている2万1181柱の霊について、清祓式を終えてくれた。霊の名前と出身地の名簿を作成してくださるようにお願いした」

「宮司は『霊は返さなければならない。韓国は独立国家になっているので、その霊は返還するのが当たり前だ』とおっしゃってくれた。清祓式も宮司自身の手で行われた」

「宮司の行為は、朝鮮半島出身者へ、おわびの気持ちを表す象徴的なことだと思う。宮司はことし6月にお会いしたときに『霊を返す』とはっきりおっしゃっていた」

わたしの知らない事実が次々と明らかになった24日の夜。ジグソーパズルのピースがはまっていく。あとは国柱会会長に話を聞けば、靖国神社側の行為と目的が裏づけられる。その前に宮司だ――。

宮司取材の壁

翌25日朝6時20分。神社内苑で宮司の到着を待った。社務所の係員から「宮司は午前9

時ごろの出社」と聞かされた。9時前に社務所の前に現れた宮司に駆け寄り声をかけたところ「宮司はマスコミとの接触はできない」と激しく抗議された。直接話は聞けなかった。代わりに女性の広報担当者が慌てて対応した。

「一度合祀したみ霊は取り下げることはできない。これまでに、台湾の方々のみ霊を含めて、（朝鮮人の）み霊を取り下げた例はない。キリスト教徒の人が取り下げを希望されたことがあったが、それはできなかった。清祓式は体を清めることで、これを単独で行うことはない。その式の前後に何らかの儀式がある。正月、春と秋の例大祭以外に清祓式をするのは極めて異例なこと。参拝ではありえない。23日に清祓式をしたことはないと思うし、する必要もない」

女性はそう強調した。

広報担当者も知らなかった清祓式の執行に、「韓国人男性、国柱会会長、宮司3人の密室共謀」が図らずも明らかになったとわたしは理解した。

清祓式執行の目的を確認するため、わたしは女性に「今日の午後、宮司に直接会わせてほしい。その場で確認したい」と求め、午前10時すぎに神社を後にした。

国柱会会長から共同通信社本社へ電話があったのはそれから1時間半後だった。国柱会へわたしが伝言を残していたからだ。

会長は開口一番に打ち明けた。

「先ほどからわたしの自宅に、宮司から電話がかかってきて大変困っている。『善意でしたことなのに』と宮司は頭を抱えている。慰霊に取り組む韓国人男性を宮司に会わせたわたしとしても、困ったことになったと思っている」

「儀式の目的は何だったのでしょうか。韓国人男性が言った通りでしょうか」と質問したわたしに、会長は逃げなかった。

「わたしは清祓式にも立ち会った。今回の清祓式は靖国神社から（み霊を）分けていただくということで（み霊の）取り下げではない。靖国神社はこれからも朝鮮人のみ霊を祀るので、霊璽として朝鮮人の分だけを清め祓った。霊璽はいわば『位牌』に代わるもの。靖国神社は『位牌』として韓国へ持っていくことを認めたのだ」

電話は40分続いた。

立会人が認める

会長は断言した。

「事実上のみ霊分けだ。しかし、み霊そのものを分けたわけではないことをあなたは知るべきだ。霊を父祖の地へ返すという意味で、韓国人男性は『奉還』という言葉を使いたがった。それでは困ると宮司は言っていた。せっかくここまでまとまったことなのに、新聞に出れば壊れてしまう」

国柱会会長の立場は微妙だった。仲介者として、かつ友人として、韓国人男性と宮司双方の意向をくむ必要があった。

ジグソーパズルは完成間近だった。

国柱会会長の電話を切ると、そのまま靖国神社へ連絡を取った。午後1時。広報担当者の説明を30分受けると「上司と話してほしい」と言われ、さらに35分間やりとりすることに。結局、宮司との面談は実現しなかった。ただ、神社側は清祓式執行を認めた。

そもそも清祓式は、凶事清祓ともいい、病災その他の汚れに触れた際に、不浄を取り去るために行なわれる清めの祓のこと。現在では儀式を指すようになり、社殿の造営が完成した際の遷座祭や鎮座祭における事前の祓いで、本殿などで大麻と塩湯で祓う重要な祭儀のことだとされる。靖国神社では、最も重要な祭事である春季・秋季の例大祭の直前、清祓式によって神職から祭儀に用いる諸具に至るまで一切が祓い清められることになっている。

靖国神社の総務部長は電話越しに言った。

「清祓式は確かにした。韓国に慰霊碑を建てるというので、そこに納める霊璽を清め、本殿で報告したのだ。今回のことが、分霊といわれるのは納得がいかない。韓国人男性に誤解があるのではないか。神社としては韓国人男性によく説明をして清祓式を行ったのだが」

取材は十分尽くしていた。

突破できなかったのは、宮司への直接取材。それと、韓国人男性が納めたとする祈祷料が神社側でどう処理されたかだった。

第二次世界大戦などで日本の軍人・軍属として戦没し、靖国神社に合祀されている朝鮮人約2万1千柱について、神社が霊を表す「霊璽」を清め、霊を分ける意味と受け取れる神道儀式を行っていた——こう見出しに打った記事は大きな反響を呼んだ。

産経新聞が報じたとおり、靖国神社は記事に抗議し、訂正を求めてきた。

真実は複数か

真実は複数存在し、関係者にまたがっている。わたしが取材でつかんだ真実。韓国人男性と国柱会会長と宮司の3人それぞれが考える真実。さらには産経新聞の報じた真実。どれがゆがめられていて、また、どれがゆがめられていないか。

調査報道は何をニュースと判断するかによって、報道内容が変わる。発表がないニュースの宿命だ。それでも、複数にまたがる真実の中から、歴史の検証に耐えられる真実を見つけ、取材を積み重ねていく。やはり、真実はたった1つであると信じるからだ。

抗議をめぐる靖国神社と共同通信社の話し合いが終わったとき、編集局幹部から通告された。

「靖国神社の取材はもういい。宮司の取材はあきらめろ」

歴史を記録する取材はそれから進まなかった。当時の国柱会会長も宮司もすでに鬼籍の人。歴史の扉は閉ざされた。

「熱い報道」と形容された「調査報道」も、歴史を掘り起したり記録したりする発掘取材では、どこか冷たい感じが漂う。熱くて冷たい。矛盾するかもしれないが、それがわたしの下した「広義の調査報道」の特徴だ。

2 ルポ取材の可能性

ハンセン病の島

ルポは、報道人にとって「共感するチカラ」を育てる修養の場であり、ルポ報道は「共感報道」と「広義の調査報道」をつなぐ接点の役割を果たす。駆け出し時代に体験したルポ取材は、取材相手とどう接しなければいけないかを本格的に学んだ初のケースだった。

盛岡支局へ異動になる半年前の1987年10月、岡山県邑久町《おくちょう》（現瀬戸市）で、瀬戸内海の長島と本土を結ぶアーチ型の橋げたが掛かった。

長島には2つの国立ハンセン病療養所がある。わたしは岡山支局の記者として両園を担当した。

10月9日付夕刊の地方紙には、「悲願の橋かかる　ハンセン病の島地続きに　57年の隔離生活終止符」（京都新聞）、「地続きになったハンセン病の島　長島架橋に橋げた掛かる　57年の隔離から解放　伝染の恐れなし　本土の人と交流できる」（北日本新聞）などの見出しが付けられた。

見出しのもとになったわたしの記事はこうだ。

戦前のベストセラー小説「小島の春」で知られる国立ハンセン病療養所「長島愛生園」と「邑久光明園」がある岡山県邑久郡邑久町の瀬戸内海の島・長島（周囲約十六キロ）に九日、アーチ型の橋げたが架かり、初めて本土と地続きになった。

来年三月完成予定の長島架橋の橋げたで、昭和五年、愛生園が国立の強制隔離施設第一号として誕生して以来、五十七年目にして約千五百人のハンセン病患者が非人間的な隔離生活からやっと解放される。

同橋は「ハンセン病への偏見、差別を解消するために自由な往来を」と患者たちが叫び続けてきた悲願の橋だ。

長島には愛生園設置後、十三年に光明園が大阪から移設された。ハンセン病は二十年代から特効薬「プロミン」などの導入で治癒する病気となり、伝染の恐れもなくなった。（略）

夏日を思わせる強い日差しの中、午前十時すぎ、橋げたが本土側の橋脚に架かると、帽子姿で集まった患者約二百人から歓声と拍手が起き、目頭を押える姿もあった。

患者の望月拓郎さん（六〇）は「これで島流しでなくなります。本土の人たちと交流を深め、ふだん着の付き合いをしたい」と喜びを語った。（略）

ルポの前打ち

橋げたの上空から取材ヘリが撮影した長島架橋の写真が掲載記事に添えられた。記事も写真も破格の扱いだった。

実は、それには伏線がある。

橋げたが長島と本土に架かる直前、光明園で暮らす在日韓国人2世の患者の部屋に泊めさせてもらい、長島を4日間取材した内容を記事にまとめたからだった。入社して初めて取り組むルポ取材。ルポは、ルポタージュの略で、記者が現場を直に歩いて報告する報道スタイルのことだ。記事は3回続きの連載特集として配信され、ハンセン病療養所がある各地の地方紙に掲載された。

ルポ取材中にハンセン病患者の「強制隔離の実態」を初めて見聞きし、メモを取る手が止まり、目頭をおさえた体験が記事の行間からにじんでいた。ルポの特集記事があったからこそ、長島に橋が架かったニュースは破格の扱いを受けた。このルポの事前報道、つまり、前打ち記事がなかったら、小さな囲み記事として扱われていただろう。

長島に泊まり込んだルポ取材は、「共感報道」を深めていくうえでヒントを与えてくれる。「温かい報道」の「共感報道」とルポがどう違うのか、何が共通しているのかをみるため、特集記事「人間回復の橋」を引用しよう。

「人間回復の橋」（上）

瀬戸内海の岡山県沖に浮かぶ小さな島・長島。千五百人のハンセン病患者が隔離されてきたこの島に九日、橋げたが架かり、初めて本土と地続きになる。小説「小島の春」で有名になった療養所「長島愛生園」が昭和五年に誕生してから五十七年目。来春には橋も完成し、ハンセン病に対する社会の偏見・差別、国の隔離政策の下、「人間回復の橋を」と訴え続けてきた患者たちの悲願が実ろうとしている。「過去の過ちから世間は教訓を酌み取って……」。平均年齢六十五歳という患者の高齢化を案じる医師らは、第二のハンセン病ともいわれるエイズ問題の成り行きに厳しいまなざしを向けている。

初夢に出てこい橋の渡り初め――邑久郡邑久町の長島と対岸を結ぶ長島架橋の工事は六十年十二月、総工費七億円で始まった。直後の昨年元旦、川柳が趣味の秋田穂月さん（七二）は喜びと期待をこう詠んだ。

長島には愛生園と並ぶハンセン病療養所「邑久光明園」がある。秋田さんは光明園で療養生活を送る患者の一人。

着工を報じるテレビニュースに一瞬秋田さんの姿が映り、かつての小学校の同級生から園に思いもかけない電話が入った。四十五年ぶりに聞くふるさとの声だった。

秋田さんは八歳で発病、二十歳の時に母を亡くした。邑久町虫明の渡船場から渡し舟で強制収容されたのは二十五歳の夏。

警官に連れられて行く秋田さんを父と姉は泣き狂って見送った。入所後、他の患者と同様、家族からの連絡は一切なかった。

秋田さんは「父の事故死は新聞で、姉の死は同級生の電話で知りました」と語る。

(略)

昨年五月の「母の日」、秋田さんは五十六年ぶりに本土の土を踏んだ。同級生の計らいで墓参りが実現したのだ。

「ハンセン病への偏見が消え去っていない以上、ゆかりの人たちに迷惑が掛かっては……」。秋田さんはだれにも知らせずに島に舞い戻った。しかし、どこで聞いたのか、秋田さんの消息を知った親類が子供連れで園に訪ねて来るようになった。

架橋はハンセン病の島と社会との結びつきを少しずつ、だが、確実に変えつつある。

「人間回復の橋」(中)

長島の周囲はわずか十六キロ。日没時には東瀬戸内海の島々が錦絵のように輝いて見える。小豆島も望めるこの島の住民は、約百六十人の厚生省職員を除いてすべてハンセン病患者。

そんな島の東端に小さな平屋建ての木造校舎がポッンと立っている。今年三月、最後の一人の卒業生を送り出して閉校した全国で唯一のハンセン病患者の高校岡山県立邑久高校新良田(にいらだ)教室だ。三十年九月の開校以来三百七人が卒業。うち七割の二百二十五人が社会復帰した。

同教室の同窓会長は、第一期生で東京に住む森本吉孝さん(四九)。森本さんはお互いの連絡には同窓会の案内状を郵送しないなど細心の注意を払っている。

同窓生は身体に後遺症がなくても患者だったことが知られて友人などを失ったり、職場での孤立を極度に恐れるからだ。

患者の相談に乗る機会の多い東京弁護士会所属の山田雅康弁護士は「病気が原因で離婚を迫られたり、患者が療養所に入っている間に、肉親が勝手に本人の財産を処分するケースがある。しかし訴訟になることはほとんどない」と話す。患者が公の場に出れば、予断と偏見の重圧に心身をさらけ出さねばならない現実が今でも待ち構えている。

二十八年のらい予防法改正で、憲法のうたう教育の機会均等が初めて患者に保障され、新良田教室は開校した。全国ハンセン病患者協議会の患者たちが人権意識に目覚め、政府の強制隔離政策に対し抗議の自殺や国会座り込みでようやく勝ち取った権利だった。

中学三年の途中で他県の療養所に入った森本さんは、患者も高校に行けると聞いて長島に移り住み、「アンラッキー中のラッキー」と同教室を卒業することで社会復帰への夢を膨らませた。

新良田教室で二十三年間教壇に立った横田広太郎教諭（四五）＝現岡山東商＝は閉校に当たって、生徒の実名が残る作文や文書類をすべて処分した。「進学や就職試験では履歴書の最終学歴欄に学校名を記入しなければならない。だから教室が最終学歴にならないようできるだけ進学を勧めた。面接での高校に関する質問をどうはぐらかすか生徒と一緒に悩みました」と往時を振り返る。

（略）

閉校記念の石碑には「希望」の二文字が刻まれた。偏見・差別のない社会と、完全な社会復帰への患者の切ないほどの願いが込められている。

「人間回復の橋」（下）

長島の患者たちは、アルミニウムの食器が触れ合う音で目が覚める。午前七時前、平屋建ての療養所の玄関に職員のおばさんが朝食を置いていく音だ。朝食を終えると、介護人らに付き添われて治療棟へ。一日の生活は規則的だ。

患者の九割以上はハンセン病が既に治癒している。成人病や合併症などの病状によって「病棟」「不自由者棟」「軽症者棟」に振り分けられ、午前中は治療やリハビリ、午後の自由時間に宗教活動や文芸サークル活動をする。患者の平均年齢が六十五歳に達したこともあり、療養所は特別養護老人ホームや社会福祉施設のような性格になりつつある。

田村保男さん（五六）が率いる「長島愛生園ゲートボール愛好会」は中国地方屈指の強豪チーム。五十四年の発足直後は、負けが続いたが、試合を続けるうちに他のチームに顔見知りもでき「ハンセン病は普通の病気」と気心が通じるようになった。腕は上がって全国大会優勝も手にした。

今では中国地方各県から試合の申し込みがあり、本土各地のチームがカーフェリーで長島に来る。これがきっかけで、カラオケや文芸サークルなどの分野でも本土の愛好家との交流が進んでいる。

田村さんは今年八月、米フロリダ州でエイズに感染した血友病の小学生が登校を拒否された上、嫌がらせで自宅が放火されたとのニュースを聞き、背筋が寒くなった。三十数年前、田村さんの妹が登校を拒否された経験があるからだ。

（略）

長島と本土を結ぶ全長百八十五メートルのアーチ型の橋が次第に姿を現し、長島は今、解放感が漂う。患者たちは「本土からたくさん人が来て、ハンセン病の本当の姿を知ってほしい」と口をそろえる。四十年後に日本からなくなるといわれるハンセン病。が、患者にとって人間としての生活はこれから始まる。

温かい報道の萌芽

どうだろう。特集記事「人間回復の橋」は、ハンセン病患者に寄り添おうとする記者の姿勢だけは、伝わるように思えるのだが。

ルポ取材は共感報道の萌芽を持つ。直接取材に基づく傾聴を出発点にするからだ。とにかく時間をかけて話を聞かせていただいた。わたしが患者の部屋へ泊らせてもらったのも、24時間密着し、同じ時間を過ごし同じ空気を吸うことで、患者が胸の奥にしまってきたエピソードを聞かせてもらえるかもしれないと思ったからだ。当時は共感というより、同情や憐みの感情が前面にでていたように思う。感情のフィードバックや取材成果の返礼はまったく想定していなかった。駆け出し報道人の未熟さと無謀さがあった。

それでも患者は、わたしに優しくしてくれた。泊まり込み取材が珍しかったこともある。患者は療養所で子どもを産むことが許されなかった。自分たちに子どもがいたら、わたしと同じくらいの年齢になっていただろうと想像したのかもしれない。親愛の情を示してくれる人ばかりだった。

忘れないで

残念なことに長島架橋の開通を前に、岡山支局から盛岡支局への異動が決まった。患者たちとは簡単には会えなくなる。わたしが岡山で過ごした最後の日は、長島だった。わたしと同じ年の妻と、1歳になったばかりの長男も一緒だった。次々と別れの挨拶をする患者たち。

「家族を大切にするんだよ。わたしたちは家族と生き別れてしまった。だから大切にしてほしいと思う。わたしたちのこと、忘れないでほしい。どうか達者で。いつまでも達者で」

わたしの運転する車に患者たちが手を振る。妻は妻で、車の中からちぎれんばかりに手を振っていた。

泣くのは恥ずかしいことだと思ってきた。死別をふくめ、いろいろな別れを経験してきたけれども、いつも涙をこらえてきた。そうしたわたしの態度は不自然で、ぎこちなかったに違いない。情動のバリアが立ちはだかっていたからだ。4半世紀の後、若い記者たちは、情動のバリアを打ち破ってくれた。

東日本大震災に続き、御嶽山噴火災害の例を見てみよう。

第6章

御嶽山噴火と報道人

1　「お父さん」の意味

2014年9月27日の御嶽山噴火は、死者・行方不明者が63人に上る戦後最悪の火山災害となった。TBS系の中部日本放送（CBC）報道部で遺族取材に当たった木村圭菜記者、取材当時25歳。長野県木曽町で遺族のぶら下がり取材をする一方、東海地方の遺族宅を訪ね歩く中で、次男（26）＝当時＝とその恋人（24）＝同＝を登山中に亡くした愛知県一宮市の会社員、所清和さん夫妻を取材した。夫妻を「お父さん」「お母さん」と呼び、自宅へ泊りに行く間柄の木村記者に聞いた。

取材への抵抗

――突然の災害に肉親を奪われた遺族へマイクを突き付けたり、カメラを向けたりする取材に抵抗はありませんでしたか。

「災害発生3日目の朝7時ごろ、現地入りして木曽町役場前に待機しました。3泊4日

御嶽山で記念撮影する所祐樹（ところ・ゆうき）さんと恋人の丹羽由紀（にわ・ゆき）さん。この直後に噴火に見舞われ、帰らぬ人になった。遺族を取材した木村圭菜記者とは同世代だった　2014 年 9 月 27 日、父親の所清和さん提供

の予定で、名古屋市の本社を出発したのは午前3時半ごろでした。安否情報を求めたご家族が役場へ駆け付けていたからです。報道陣は50人ほどに膨れ上がっていました。役場からご家族が出てくるとワッーという感じで取り囲みました。ご家族の動静が分からないので、姿を見るなりドッーと殺到して取材は過熱しました。ご家族に聞くのは、どんな情報提供を受けたかということと、どんな心境ですかという2点でした。

夕方に遺体の捜索が終わると、ご家族が役場から外に出てきて、近くの駐車場まで徒歩で移動します。そこを取り囲んで、各社と一緒にぶら下がり取材をしました。マイクを突き付けることもしました。わたしと同世代の人が亡くなっている、ご家族に安否情報がなかなか入って来なくて焦りといら立ちが目立つと感じ始めると、やるせなさを覚えました。ご家族は安否のことだけに集中したいはずなのに、わたしたち取材陣が寄ってたかって質問を浴びせる光景に胸が痛かったです。

ご家族の心を激しい取材によって乱したのではないだろうかとちょうど思ったとき、思わず涙を浮かべてしまいました。何か、こう、ぐっーと来て。周囲からは『取材で泣くな』『泣くと自分の考えを冷静に伝えられなくなる』と言われていました。しかし、涙は、自然な感情のあらわれだったと思います」

涙と同情心の関係

――涙は同情心からですか。

「同情心だったかと思います。憐みと言ってもいいかもしれません。共感ではないです。時間がたつうち、ご家族に明暗が分かれてきます。遺体が見つかり収容されたご家族と、遺体が見つからないご家族です。ご遺族とご家族がはっきりするのです。『遺体が見つかってよかったです。これで家族一緒にうちへ帰ることができます』と話してくれる人に対して、ただただ沈黙を守る人。そうしたご家族にどう質問をしていいか分からず、ただ『どうですか？』と聞きました。

初めて体験する大災害取材でした。泣きながら御嶽山に向かって合掌するご家族を目の当たりにして『少しでも早く遺体が見つかりますように』とわたしも心の中で祈りました。わたし自身は、平常心を保つのが難しかったです」

見失う

――過熱報道の中で自分を見失ってしまったということですか。

「わたしが涙を浮かべたということを含めて、自分を見失ったということではありません。どん底に突き落とされてしまったご家族の心情や立場に、わが身を置き換えるということが現場取材ではできなかったということです。ご家族はつらいだろうなという同情心にとどまっていました。もっと深く、自分がご家族の立場だったらどうなんだろうと考えるべきでした。現場取材ではそれができませんでした。考える余裕さえなかったというのが正直な気持ちです。

本当はご家族をそっとしておいてあげなければならないのに、また、ご家族はそれを望んでいるはずなのに、カメラとマイクを持って追い回す。わたしも一緒になって追いかけ回し、そして食い下がりました。『いまのお気持ちはどうですか？』と」

感情の変化

――同情や憐みから別の感情に変わったきっかけは何でしょうか。

「行方不明になった愛知県の男子大学生の顔写真を放送で使わせていただくために、ご家族へ連絡を取りました。フェイスブックで見つけた写真を電子メールに添付して『息子さんで間違いないでしょうか』と確認を求めたところ、返信メールが届き『息子です。よろしくお願いします』と記されていました。『お願いします』の言葉にご家族のすべての感情が詰まっていると感じました。

特に大きかった出来事は、噴火1カ月の特集番組の準備でご自宅を訪ねた所さんご夫婦の取材です。14年10月半ば、愛知県一宮市のご自宅を同僚の男性記者とお邪魔しました。会っていただけるかどうか分かりませんでしたので、カメラもマイクも持参しませんでした。所さんが仕事から帰るのを自宅玄関前で4時間待ちました。『そう、4時間も待ったの。寒いからさあさあ、中へお入りなさい』と言って、招き入れてくれました。わたしはすぐに『仏壇に手を合わせてもよろしいでしょうか』とお願いし、遺影に合掌しました。

わたしはそのとき、もう涙顔になっていました。現地で所さんを含むご遺族に対し、ぶら下がり取材をしたことを話し、訪問の意図を伝えました。火山噴火災害の記憶が薄れないよう節目ごとに報道したい、現場を取材した報道人の責任を感じていると。次男の祐樹さんと恋人の丹羽由紀さんのご遺体が一緒に見つかってよかったと各社の取材に語っていた所さんに、心の整理がつきつつあるのかどうか、それを直接聞いてみたかったのです。

ご遺族の置かれた状況を詳しく知りたい、それを放送したい、と思いました。取材を受け入れてくださるよう、2時間にわたってお願いしました。『力を貸してください』と。安否情報がないためにご家族の皆さんが木曽町役場で途方に暮れる姿が記憶によみがえり、いつの間にか、わたしは号泣していました。所さんの奥さまとわたしは互いにもらい泣きをしてしまいました。

取材のメモは取らず、録音もしませんでした。噴火後間もなくから、木曽町役場前で

『祐樹の安否情報がないのです。何か分かったら教えてください』と報道陣に何度も頭を下げて懇願する所さんの姿は、忘れられません。そうしたご家族の求めに対し、現地では誠実に対応することができませんでした。そのことを率直におわびしました。わが子を死に物狂いで探す『お父さん』の姿……。親身という言葉の意味が理解できました。所さんは『取材が過熱しても、それは仕事だからしょうがないと思っていた。でも、あれはすごかったな』と振り返りました。わたしは手渡されたティッシュで、グズグズになった鼻を拭きました」

特別な意味

――取材相手を『お父さん』『お母さん』と呼ぶことになった理由は何でしょうか。

「木曽町役場の現場取材でコメントを求めるとき、自然な形で『お父さん、どうですか』と聞きました。そのときは普通の、特別の感情はない言い方です。ご家族やご遺族に対してはどなたにも『お父さん』『お母さん』を意識せずに使っていました。ほかの記者たちも同じでした。

特別な意味を持ったのは、初めて所さん宅を訪ねた夜、わたしが号泣したときからです。わたしと同僚の男性記者を娘、息子のように扱ってくれたあの日の晩からです。わたしと同僚の男性記者を見て、『お父さん』は次男の祐樹さんとその恋人の丹羽由紀さんとを重ね合わせたと『お母さん』は言っていました。男性記者はわたしと同い年です。わたしたちと、亡くなった2人の年齢は近かったですし、男性記者と祐樹さんは面影が似ていました。実際、所さんは『2人とも、何となく似ているな』と言っていました。

心が通じ始めたから似ているように感じたのか、似ているから心が通じたのかは、はっきりしません。互いが相手の話をじっくり聞くことで、同情心とか、憐みとかとは違う気持ちになりました。所さんご夫婦の感情をわたしたちがくみ取り理解し、ご夫婦はわたしたちの気持ちや希望を受け止めようとしてくれました。相互のやりとりが深まっていきました。心が通うきっかけでした」

2　共感報道の芽生え

——共感報道のきっかけにつながったわけですね。

「そうかもしれません。およそ1週間後の10月18日、取材のためにご自宅を再訪問することになりました。当日は取材が4時間になりました。噴火に見舞われたときに次男の祐樹さんが携行していた遺品のカメラは、ＳＤメモリーカードが無事でした。祐樹さんと恋人の由紀さんが幸せいっぱいに御嶽山登山を楽しむ様子が映っていて、わたしたちはそれを放送しました。降り注いだ噴石の影響でしょうか、ボロボロになった祐樹さんの登山用ジャケットも見せてもらい、衝撃を受けました。想像以上の爪痕でした。

ご夫婦の取材は、御嶽山噴火災害で、顔出しのインタビュー撮影がご遺族で初めてできたケースになりました。わたしはインタビュアーとして、感情をできるだけ抑え、落ち着くよう自分に言い聞かせました。収録テープを見ると、半分泣いていました。プロとしては失格です。淡々と質問に答える『お父さん』と『お母さん』に接し、感情がこみ上げてきたのだと思います。

この日の取材から所さんご夫婦を『お父さん』『お母さん』と呼ぶ意味が変わりました。肉親と同じ関係と言っていいし、肉親以上の関係と言ってもいいかもしれません。『お父さん』の憤りは、わたしの憤り、『お母さん』の悲しみはわたしの悲しみ、そんなふうに感じるようになりました。取材者として冷静な目は持ちつつも、心と体は熱いというか温かいというか……、その熱さと温かさを分かち合っていると感じるようになりました」

泣くだけでは駄目

——共感によって結ばれた絆が危うくなったことはなかったでしょうか。

「噴火から3カ月ほどすると、『お父さん』と『お母さん』は、なぜ次男の祐樹は御嶽山で死ななければならなかったのかと強く考えるようになりました。祐樹さんの死を受け入れようとする代わりに、死の理由と原因を求めました。なぜ避難できなかったのか。なぜ入山規制は行われなかったのか。なぜ避難の指示は発令されなかったのか。死を防ぐ手立てがきちんと講じられていたら、祐樹も恋人の由紀さんも命を奪われる必要はなかったのではないか。防災体制はどうなっているのか。なぜ、なぜ、なぜと。質問を矢継ぎ早に受けました。『祐樹の死を無駄にしないためにも、問題点を洗い出して、再発防止につなげたい』と何度も言われました。

『今のお気持ちは?』『その後どうでしょうか?』といった紋切り型の同情報道は、これ以上はできないとわたしは考えました。ご遺族が知りたいことを伝えること、これまでに知られていない事実を掘り起こすことが避けられないと感じました。

そのころは『お父さん』『お母さん』との関係が少しぎくしゃくし始めていました。もらい泣き、もらわれ泣きだけの取材ではいけないと本当に思いました。泣いているだけでは同情報道、憐み報道ですよね。共感によって取材相手とつながったと思うなら、ご家族が亡くなった死の真相を取材するしかありません。ご家族の死を無駄にしたくないですもの」

プレッシャー

――死の真相を調べるといっても簡単ではありません。プレッシャーを感じることはなかったでしょうか。

「プレッシャーはありました。肉親から掛けられる期待や希望と同じです。逃げ出したくなりました。口喧嘩みたいになったこともあります。同情報道や憐み報道に『お父さん』は辟易していました。

報道の中身を変えなければいけないと考えるたびに、噴火直後の木曽町役場前の混乱と、祐樹さんの安否情報を求める『お父さん』の必死さを思い浮かべました。

噴火から4カ月の節目に、『お父さん』と『お母さん』の希望に沿いたいと、特集を作ることにしました。情報公開制度を使い、噴火の予報・警報をめぐる気象庁の内部資料を手に入れました。発表資料と突き合せていくと、人命を軽視し続けたとしか考えられない気象庁の対応が分かりました。御嶽山で火山性微動が始まり、噴火するまでの11分間に避難指示が出ていれば、1人でも2人でも助かった命があったはずです。いや、それ以上の数でしょう。気象庁の言い分を聞き、さらに裏付けを取るため東京・大手町の本庁舎を取材クルーと一緒に訪ねました。取材と撮影は6時間に及び、気象庁の担当職員もわたしもくたくたになりました。

結局は、わたしたちの粘りが功を奏し、特集『空白の11分』を放送しました。11分にわたる気象庁の無為無策ぶりに対する反響は大きかったです。一番喜んでくれたのは『お父さん』でした。『わたしが知りたかったのはこういうことです。ありがとう』とねぎらいの言葉をかけてくれました。

このフィードバックがもしできなかったなら、わたしと『お父さん』『お母さん』の関係は終わっていたかもしれません。報道人は、取材で掘り起こした関係者の落ち度や不備などを知らしめるという結果や成果でもってご遺族へお返しするしかありません。それがたとえわずかであっても、取材は茶飲み話に終わってはいけないと思います。これは結構しんどいです。でも、そこから自分が逃げてしまっては、共感の心はなくなってしまいます」

3　報道の進展

――共感を柱にした報道はその後、進展しましたか。

「犠牲者の立場から御嶽山噴火災害を考察していた元名古屋大教授の木股文昭さんに意見を聞きたいと所さんから求められ、わたしは木股さんに連絡を取りました。『ご遺族が木股さんに直接会って、意見を伺いたいと希望しています。先生とご遺族のやりとりを報道させていただけないでしょうか』とお願いすると、快諾してくれました。あの時は、ほっとして、肩の荷が下りました。

木股さんと所さんご夫婦の対面が実現し、防災体制に不備があったことが確認できました。祐樹さんの四十九日法要が営まれたとき、わたしも参列しました。親類縁者の中に部外者はわたし独り。違和感はありませんでした。つながっていると思っていたからです。亡くなった祐樹さんのことも、恋人の丹羽由紀さんのことも、生前の話を伺い、写真をいっぱい見せてもらったことで、まったくの他人とは考えられなくなっていました。ご遺族と時間を共有するって、こういうことなんだと分かりました。

翌15年9月の噴火1年を前に『お父さん』にお願いし、愛知県一宮市のご自宅から岐阜県の御嶽山ふもとまで車による同行取材をしました。雨に見舞われたため、仕切り直し、2日間の取材になりました。道中で一緒に食べたピザの味が忘れられません。祐樹さんの月命日は、社内異動で報道部から離れた15年7月まで手を合わせに行きました。『お父さん』と『お母さん』も、わたしがご自宅へ行くのを待っていてくれたようです」

同情心とは違う

――同情心から生まれた報道と、共感の気持ちから生まれた報道の違いは何でしょうか。

「お話を伺って、わたしはこんなふうに感じています、このように理解していますと所さんご夫妻に伝えていたように思います。口先ではなく、心と頭と体を使って、伝えるというか……。言葉だけでは伝わらないものがあります。たとえば、それを涙が補ってくれるのではないでしょうか。わたしたちのためにこの人は泣いてくれていると考えると、驚きやうれしさがご遺族に芽生えるのかもしれません。相手の話に聞き入っている、親身になって耳を澄ましてくれている。それを言葉だけでなく、態度や行動で示せた。

もちろん偶然です。機械的にうなずくだけではなく、オウム返しに発言を返すだけでもない。相手の感情の流れに自分も従って、相手の心に入っていった。所さんご夫婦の取材では、それができたような気がします。衝撃で相手が打ちひしがれ言葉を失っていれば、わたしも言葉を失いますし、自然に涙がこぼれ、号泣してしまいます。だから傾聴するというのは、演技ではなく、自然なやりとりから生まれてくるものだと思います。

それをはばむのは、質問を連続して浴びせたり、自分のペースで一方的に取材を進めようとしたり、関心や気持ちが目の前にいる相手から離れたりすることです。ご遺族を否定したり、自分の考えを押し付けたり、評価を下したり、陰口を言ったりすることは共感とは相いれない態度です。あなたのお話を全身全霊傾けて聞かせていただきます、わたしに時間を割いていただけますか、ということをどこまで貫けるかです。あなたの話をきちんと聞いていますということを示すフィードバックは大切だと思います。この人、わたしのことを本当に分かってくれているのかしらと思われたら、傾聴は成り立ちません。ひいては共感の心から遠のいてしまいます。どんなふうに話を受け止めているかを、相手に伝えないわけにはいかないです。

次に大切なのは、お話を伺った結果を報道の形にすることです。わたしたち記者にしかできないことは、報道することですから。報道を通して取材の成果や結果をお返しする、返礼するということです。絆が深まれば深まるほど、もらいっぱなしはできません。思うような取材結果が出なければ、報道できなかったプロセスを説明する必要があるはずです。取材は受けたけれど、放送にも新聞にも出なかった。報道されなかった理由は聞かされていない。記者からは音沙汰もない。それでは取材を受けたご遺族は宙ぶらりんです。共感は不信感に転じてしまいます。怒りに変わるかもしれません。せっかく心が響きあったのに、不幸な結末です。わたしたちはお返しを繰り返しながら、心を寄せ合い、絆を確認しているに違いありません。その互酬性にわたしはもっと自覚的になりたいです」

縛り

——取材で、喜怒哀楽を出すなと言われたり、誰よりも心身はタフでなければならないと求められたり、縛りが多いのが報道人の特徴です。縛りは、共感の邪魔になりませんか。

「報道では、勤め先の肩書がわたしを守ってくれることが非常に多いです。取材上の便宜もそうですし、さまざまな情報へのアクセスする権利も保障されています。共感報道で肩書が役に立つのは、取材のアポぐらいです。ご遺族や被害者の話を伺うとき、肩書や職業の衣は脱ぎ捨てざるを得ません。中部日本放送の記者に話を聞かせるのではなく、『あなた』に話を聞かせるのですと取材でよく言われました。わたしを守ってきた鎧や肩書は、そこでは役に立ちません。1人の人間として、裸同然で取材相手の前に立たされるわけです。味方は自分だけです。それだけに取材は疲れます。

そのうえ、フィードバックとして取材の成果をお返ししなければなりません。逃げ出したくなります。聞きっぱなし、話しっぱなしは、許されません。共感報道は、わたしという『人間』が試される場です。共感報道が傾聴だけで完結するなら、話は早いです。こんな楽なことはありません」

当事者へ

――同情や憐みが傍観者の立場なら、共感は当事者の立場ということでしょうか。

「相手の立場に自分の身を置き換えたときに、共感報道が始まるのなら、それは傍観者の立場から当事者の立場へ変わることだと思います。完全に変わることは難しいけれど、ご遺族へ限りなく近づいていくし、近づいていきたいと思います。傍観者ではなく、当事者ですから、取材・報道に終わりはないといえます。ご遺族とわたしは、一生のお付き合いをしていくということになります。取材を通じて濃密な時間を共に過ごしたわけですから、その覚悟はしないといけませんよね」

――放送番組を記録したＤＶＤは取材先へ送り届けますか。

「事件事故や災害の被害者、ご遺族の皆さんにはできるだけ、記録として、放送内容を記録したＤＶＤを送ります。テレビは新聞と違い、放送を見逃してしまうとその後はなかなか見ることができません。必ず、お礼の手紙を添えています。貴重な時間を割いて取材に応じてくださり、ありがとうございましたと。こうした返礼も報道の一環だと教えられてきました。ＤＶＤは、当事者として、取材相手と貴重な時間を一緒に過ごしたあかしです」

涙もろいと打ち明ける木村記者にとって、最大の難関は、取材の成果を遺族に示す「フィードバック」だった。そのフィードバックの動機付けになったのは、遺族の話に耳を傾ける「傾聴」と、わが身を遺族の立場に置き換える「共感」だ。孤立する遺族と孤独な記者が「災害死の真相究明」でつながったとき、共感報道が成立した。木村記者は「二度とできない取材かもしれません」と振り返る。

第 7 章

遺族

1 「ひどい取材」

御嶽山噴火災害で次男の祐樹さん＝当時（26）＝を失ったとき、愛知県一宮市の会社員、所清和さんは52歳。妻の喜代美さんは夫と同い年だった。祐樹さんが遺体で発見・収容されるまでの4日間について「マスコミの取材はひどかった」と強調する。所さんに聞いた。

――噴火直後から安否情報を求めて長野県の王滝村、木曽町へ車で向かったのですか。

「お昼のニュースで御嶽山が噴火したことを知りました。まさか、息子が恋人の（丹羽）由紀ちゃんと登山に行っているとは思いませんでした。夜7時半ごろ、長野県警から連絡が入り、御嶽山の登山口に息子の車があることを知らされました。息子の登山用品は家にはなかった。まさか亡くなっているとは思わなかった。けがはしているだろう。きっと、どこかの病院にいるに違いない。服は灰で真っ黒になっているかもしれない。息子のために何かしないと、そう思って、息子の車のスペアキーを持ち、フロントガラスに積もった灰を流すための水をペットボトルに用意して、深夜、長野県大滝村に自分の車で向かいました。正気ではありませんでした」

待ち受けるマスコミ

――現地ではマスコミが待ち受けていましたか。

「現地に行っても、初め、息子の安否は分かりませんでした。安否情報が全く入ってこなかったので、報道陣に情報をくださいと懇願しました。どこよりもマスコミの方が情報を持っていたからです。情報をくださいとお願いする代わりに、取材に応じました。ある意味、ギブアンドテイクのところがありました。

噴火災害の前はマスコミとの接点はありませんでした。わたしが車を止めた現地の駐車場で、妻が報道陣に囲まれるのを見て、これが『囲み取材』か、と思いました。安否がはっきりしないのに『いまのお気持ちは』と聞かれるのが一番嫌でした。どんな気持ちか分かっているはずなのに、それを言わせよう、言わせようとする。ひどいと思いました。はっきり言います。遺族は見せ物ではありません」

過熱

――行方不明者の家族が詰めかけた現地の避難所や待機所には、報道陣が殺到し、取材が過熱しました。

「待機所の中の様子が外から見えないようにするため、窓のカーテンを閉めました。それでも、遠くからカメラで中を撮影しようとしたり、壁に耳を当てて中の様子を伺おうとしたり、とにかく異常でした。マスコミの取材が本当に怖かった。彼らは、安否の知らせを待っている家族の心境を全く考えていなかった。息子はどこの病院にいるのか。息子は亡くなっているのか。息子はどうしたのか。そればかり考え、藁にもすがる気持ちで安否情報をわたしも待っていたのです。

（息子の恋人である）由紀ちゃんのご両親と待機所で初めて会いました。息子と由紀ちゃんの2人が富士山を登ったときの写真をお母さんから見せられ、2人の手がかりを得るために、それをマスコミに提供しました。その結果、いくつか情報が寄せられました」

息子の最後

――マスコミの写真報道がきっかけで、噴火直前の祐樹さんの行動が少しずつ分かっていったのですか。

「登山の様子を徐々に知ることができました。報道陣から一般の人までが息子の登山情報を寄せてくれました。マスコミの力は大きかった。由紀ちゃんはぽっちゃりしているので、当日の登山はつらかったようです。息子が由紀ちゃんをしっかりサポートして登っていた話を聞きました。

アベックの登山者が珍しかったらしく、仲良く登山する息子たちを偶然撮影した外国人が、わたしのもとに写真を寄せてくれました。写真を見ると、2人が幸せな時間を過ごしていたことが伝わってきて、安心するとともに、なぜ息子たちは死ななければならなかったのかと憤りました。噴火から4日後に息子の遺体が確認されたのをきっかけに『今後は取材を受けません』と報道陣に伝えました。わたしの役目は終わったと思ったからです」

訪ねてきた男女

——それでも報道陣は自宅を訪ねてきたのでしょう。

「そのうちの1組が中部日本放送の記者でした。噴火から2週間がたったころです。バイクで深夜帰宅すると、男女2人の記者が自宅玄関の前に立っていました。何時間も前から外で待っていると言うので『入って、入って』と自宅に上がってもらいました。『噴火災害を風化させたくない』と口をそろえる2人からは、真面目さが伝わってきました。やりとりをするうちに男性記者を息子に、女性記者を息子の恋人にだぶらせていました。息子たちも、この記者たちも、20代半ばの同世代だったからです。

その日は、取材ではなく取材のお願いだというので、わたしも妻も、息子がなぜ命を落とさなければならなかったのか、疑問に感じていることを記者にぶつけました。泣きながら話を聞く記者に接して、あらためて取材を受けることにしました。息子たちがもし生きていたなら、この記者たちのように真剣に、自分たちの仕事に取り組んでいたに違いないと想像したからです」

2 取材を受ける理由

――取材を受けることを決めたのは、記者との間に、共感する心や信頼感が芽生えたからですか。

「息子の祐樹に関する情報がさらに寄せられるかもしれないと考えました。記者たちに初めから共感したということはありません。遺族と記者たちが同じ立場に立つことはできません。遺族はかけがえのない身内、肉親を亡くしたのです。日常がすっかり変わってしまった。取材が終われば会社や家に戻り、昨日と同じ日常に暮らせる彼らと、わたしたちの立場は違います。

遺族にとってマスコミは、他人の不幸に付け込んで仕事をする人たちです。基本的にそう思います。遺族と同じ目線で、彼らが報道するなんてことは考えられませんでした。いつも上から目線で『かわいそうに』『お気の毒に』と言い、『今のお気持ちは』と突っ込んでくる。同情報道や情緒報道はあっても、共感する報道はあり得ないと思っていました。取材を受けたのは、わたしたち夫婦の知らない息子の情報があらたに寄せられるかもしれないと、少し期待したからです」

無駄にしない

――取材を受け入れ続けた理由は何ですか。

「息子の死を無駄にしたくないという一心で、死の真相を知り、これからの防災に生かしたいと考えました。妻も同じ考えです。息子は死ななければならない運命だったのか、と。噴火当時、御嶽山頂上には約２５０人の登山者がいたといいます。死亡・行方不明者はそのうちの63人です。御嶽山登山では、噴火災害をめぐり、自己責任が厳しく問われることはないと思っています。なぜなら、御嶽山の場合は、地域振興のために登山が奨励され、観光の目玉になっていたからです。自己責任を問う論調が出たことについて、わたしは納得できなかった。噴火前の警報・防災体制はどうなっていたのか。気象庁や地元自治体が前もって整備しなければいけないことがあったのではないか。そんなことを強く感じ、取材を希望する記者たちに怒りをぶつけました。真相を知りたいと願っても、1人の遺族ができることは限られています。マスコミの力でもって、わたしたちを気象庁や地震予知連絡会、地元自治体などの担当責任者に会わせてほしいと繰り返し求めました。直接会って、話を聞き、ただしたかったのです。それが無理なら、せめてマスコミの責任でもって、真相を追究してほしいと願いました。

わたしの激しい気持ちを受け止めて、一線を越えてくれる覚悟が記者たちにあるなら、同情や憐みにとどまっているはずはありません。それをバネにして報道に生かすはずです。遺族のできないことを代わりにやってくれる、わたしたちの立場に身を置き、死の真相に迫ってくれる、警報・防災体制の欠陥を知らしめてくれる。そのことが遺族と記者の間に共感と信頼感を生むのだと信じています。

行動の伴わない同情だけの報道人は、遺族と心を同じにすることはない。自宅を訪ねてくる記者たちが仏壇の前で涙をこぼすことがよくありました。『何を報道したいのですか』

とわたしは聞き、『出直してください』と一度は必ず断りました。『気象庁や地震予知連絡会、地震学者などが言っている矛盾点や無責任ぶりを明らかにしてください』としつこく迫ると、しどろもどろになった報道人は二度とわたしのもとを訪ねては来ませんでした。その程度の覚悟しかない記者に共感を覚えることは、遺族としてはあり得ません。彼らの方も、わたしに共感することはなかったでしょう。

そうした中で、息子の死についてわたしが知りたかった真相の一端を、中部日本放送が報道してくれました。若手の女性記者は、わたしたち遺族の話を出発点にして、独自に問題を掘り下げ、わたしたちの希望に応えてくれました」

「空白の11分」報道

――その報道は、噴火4カ月のタイミングで放送されたミニ特集「空白の11分」と、噴火半年の特番「イッポウスペシャル　天変地異」ですか。あの報道で、記者との関係が変わったと。

「気象庁は噴火前の段階で、御嶽山の異変に気付いていました。9月10日から火山性地震が急増し、10日は51回、翌11日は85回を数えました。それでも、噴火警戒レベルは引き上げられなかった。現地調査をしなかったために、登山シーズンは終わっていて登山客はいないだろう、爆発することもないだろう、という判断が働いたと報道は伝えていた。

さらに噴火直前の9月27日午前11時41分、気象庁は火山性微動を観測しました。それにもかかわらず、噴火するまでの11分間に、地元自治体へ速報をしなかった。報道によると、気象庁は地元自治体向けの情報発表文を作っていたそうです。

なぜ急がなかったのか。火山性微動の情報は全く生かされなかった。あの日、気象庁の担当職員の中に、御嶽山登山をしている家族や親類がいたら、必死になって速報していたに違いありません。あらゆる手を使って、何とかしたはずです。命を救いたいと思ったはずです。気象庁に人命優先の意識がなかったか、乏しかった。その結果が、死者・行方不明者63人の惨事になったとわたしは考えます。

ハード面の観測機器・態勢が整備され充実しても、ソフト面における関係者自身の意識が変わらなければ火山噴火災害は繰り返される。報道を見て、中部日本放送の担当女性記者へすぐに連絡しました。わたしのできないことを代わりにやってくれたと。ありがとうと伝えました。

彼女に共感を覚えるようになったのは、この報道だけが理由ではありません。恋人と連れ合う息子を御嶽山で写真撮影した外国人を探し出してくれた。防災に取り組む地震学者の木股文昭さんと面談する機会を設けてくれた。それも彼女がしてくれた。遺族の焦りと怒りを受け止め、真摯に対応してくれました」

なれ合いの不在

――心が通じ合うと無理難題を押し付け合うことがあります。家族・兄弟姉妹などがその例かもしれません。中部日本放送からの取材要請はいつも受け入れたのですか。

「『空白の11分』が放送される1カ月前に、こんな話がありました。噴火3カ月の企画として、遺族がどのように年を越すのか、その場面を中心にした特番を作りたいとの提案です。

わたしは拒否しました。テレビ局が放送したいと考える内容と、わたしが放送してもらいたいと考える内容は違います。提案された企画は、依然深い悲しみの中にある遺族、といった紋切り型の話になることが分かりました。息子の死を無駄にしたくないと願うわたしたちにとっては、そうした番組は受け入れられません。きっぱりと断りました。そうでなくてもわたしを中傷するはがきが自宅へ届き、『お前は息子が死んで、よくテレビに出られるな』とか、『テレビ局からいくら出演料をもらっているのか』とかいった心無いことが書かれていました。

それでも女性記者は食い下がってきました。当時もらった手紙には、『大晦日の取材ですが、やはりどうしても対応していただけないでしょうか。ありのままの姿が無理なのは、テレビカメラが入るため、不可能であることは理解しています。できる範囲で自然体（たとえば寝転がってテレビを見るのであれば、すわって見る。パジャマ↓普通の服など）で対応していただけませんか。今回の部分の取材の意図としては〝年がまたがるそのときに何を思うか〟です』と書かれていました。

尻切れトンボの報道になるのがオチでした。テレビの特番では一般的に『御嶽山を教訓に』というタイトルが付けられます。教訓がどのように生かされているのか、生かされていないのかを検証してほしいというのが、わたしの一番の希望です。にもかかわらず、『教訓』のタイトルが軽々しく扱われ、報道の内容がそれに伴っていない。火山の噴火災害を検証していないのです。

年越しの遺族に焦点を当てる企画についても、わたしにはさっぱり理解できませんでした。取材を受けるかどうかは、わたしたち遺族が知りたいと願っている内容になるかどうか、噴火災害を風化させない力を持つかどうかに照らして考えます。これは以前も今も変わっていません」

3　生きる力

――遺族として共感を寄せたり寄せてもらったりすることは、生きる力になりますか。

「噴火から4日後に息子の遺体と対面しました。2014年10月1日のことです。御嶽山のふもとから愛知県一宮市の自宅まで遺体を運びました。恋人の由紀ちゃんの遺体も別の車で途中までずっと一緒でした。由紀ちゃんのお父さんが『親付きの新婚旅行だな』というのを聞いて、言葉がでませんでした。

自宅へ着いたのは翌2日の未明でした。3日の通夜、4日の告別式と続き、がっかりさせられた事件が起きました。棺の請求書が届いたことです。差出人は地元自治体です。お悔やみの手紙はなく、花の一輪も添えられていませんでした。わたしたち遺族がモノのように扱われているような気がしました。とにかくカネを振り込んでくださいということでした。何の配慮もありません。現地でも棺の上に花はありませんでした。わたしたちには用意する時間がありませんでした。遺族としてはやり切れません。せめて花一輪の配慮を寄せてくれればと何度思ったことか。

配慮が大切なのは、それが共感につながっているからです。すべてにおいて配慮が見られなかったことから、わたしは地元自治体に不信感を持ちました。不信感は共感の反対です。人間は感情的になります。わたしも攻撃的になって、無理難題を記者たちに突き付けました。

その反面、何気ない言動で傷つけられました。『弟さんが亡くなっても、お兄さんがいるからいいじゃないの』と言われ、打ちのめされたこともあります。だからこそ記者たちには、同情や憐みなどのうわべからではなく、真心から遺族へ寄り添ってほしいのです。いつまでも、どこまでもです。担当が代わったからオシマイ、転勤になったのでサヨウナラはやめてほしい。わたしたち遺族はいつまでも、どこまでも遺族なのです。共感する、寄り添うっていうのは、やりとりをしながら、関係を続けていくことではないでしょうか」

ずっと続く関係こそ

報道人のインタビューと遺族のインタビューを照らし合わせていくと、はっきりすることがある。共感に基づく人間関係は、1回きりで終わらないということ。共感するチカラがあれば、互いの関係はずっと続く。報道人と遺族の関係であろうと、友人同士の関係であろうと、男女の関係であろうと、それは同じだろう。

そうであるなら、この人といつまでも付き合っていくにはどうしたらいいかと考えてみることが必要になってくる。共感するチカラを見つけ、育てるヒントがそこに隠されている。

第 8 章

涙の復権

1　感受性を認める社会へ

男職場

報道機関は圧倒的な男社会だ。先に見たように軍隊用語が飛び交い、長時間労働による過労死予備軍の存在が指摘され、パワハラ・セクハラ被害の報告が後を絶たない。弱音を吐くことも泣くことも許されない。特に東日本大震災まではそうだった。男職場の報道機関では、涙がずっとタブー視されてきた。

朝日新聞社の仙台総局長が「私は不覚にも泣いてしまった」（『新聞研究』２０１２年４月号）と告白したのは、報道人が泣いているところを見られたり知られたりするのはタブーで、その禁を破ったからだった。

日本新聞協会の会員社である新聞・通信社は、記者のうち女性記者が占める割合は２０１７年で19・４％にとどまっている。それでも01年の10・６％に比べれば、大幅に増えた。ＮＨＫは17年度の全職員に占める女性の割合が16・８％で、放送関係の職員に限定すると

20・0％。5人に1人の割合にすぎない。

報道機関では、涙は問題解決の手段にならないとされ、職場で泣いて訴えたり、涙を流して反応したりすることはひどく避けられてきた。泣けば「面倒くさいやつ」と疎んじられる。

報道人が泣くことを控え、冷静さを装う言動を取ってきたのは、男職場特有の環境に加え、質実剛健と自主性、独立性を求める報道倫理が理由に挙げられることは第3章でも触れたとおりだ。さらに喜怒哀楽を公の場で適切に表現したり、取材相手に直接伝えたりする訓練を受けてこなかったことも背景にあった。「客観報道」主義に染まった報道人は、「一人称」で語ることをとにかく苦手とする。

消えた男泣き

ではなぜ、報道人は東日本大震災で泣いたのか。泣いたことを次々と公表したのか。それを受け入れる心的状況が社会の側にも報道人の側にもあったからだ。

小説家の丸谷才一氏が「男が泣かなくなつた」と書いたのは1983年だった。わたしが大学を卒業した年だ。「泣くと笑はれるやうになつた」と言い切り、「男が泣くことを大っぴらに肯定するのは日本文学の伝統でした。それは日本文学の出発点からごく最近まで、ずつとつづいて来たことであつた。むしろ、日本の英雄は臆面もなく泣くことで英雄になるので、男の泪はヒロイックであることの必要条件であつた、と言ふのが正しいでせう」と指摘した。

丸谷氏は、言葉で表現できないから泣くのだという説を唱えた柳田国男を支持した。そのうえで「スサノヲノミコト以来ずつと、何千年（？）も、男泣きをして来たのに、とつぜんそれをやめてしまつた。菅原道真も、熊谷直実も、山岡鉄舟も、泣いてかまはなかつたのに、さうすることによつてストレスを解消して来たのに、ごく最近、ふと気がついてみると、われわれはもう泣いてはいけないことになつてゐた。これほどの変革は、明治維新によつても、関東大震災によつても、もたらされませんでした。有史以来のといふのではまだ足りない、いはば神話以来の転換期に、われわれは生きてゐる」と強調した。

丸谷氏の主張が注目を浴びたのは、バブル景気が始まる少し前だった。組織に所属する個人や労働者よりも、組織や企業そのものの論理が優先され、個人と労働者をないがしろにする管理社会が忍び寄っていた。国鉄分割民営化とJR発足は、丸谷氏の論文「男泣きについての文学論」（『群像』1983年2月号）が出てからわずか4年後の出来事だった。

管理社会の進展に、初め悲鳴をあげたのは子どもたちだ。小中学生による暴力行為が多発した。いじめや不登校が増え、授業についていけない子どもたちにより、学級は崩壊し、学校は荒れた。

転機のひとつが、２００２年度から実施された「ゆとり教育」だ。個性を封じ込める教育から、個性を尊重する教育への転換だった。感受性は解放されることになった。

セカチュー世代

２０１１年、東日本大震災が起きたとき、被災地取材へ真っ先に飛び出したのは、当時20～30代の男の報道人だった。彼らの多くが「ゆとり教育」を受けていた。日本社会のグローバル化とデジタル化の中で育ち、固定観念や前例にとらわれない柔らかい心を持っていた。彼らこそ、映画とテレビドラマでヒットした『世界の中心で、愛をさけぶ』（04年）、『1リットルの涙』（05年）に大泣きした世代だ。

「ゆとり教育」より少し上の世代も、テレビドラマ『僕の生きる道』（03年）や映画『いま、会いにゆきます』（04年）で大粒の涙をこぼしている。

社会も人も泣くことをいとわない。涙を認める心的状況は整いつつあった。

被災地の報道人に泣く準備はできていた。感受性が豊かで、感情をあらわにすることをためらわなかった。死者・行方不明者2万2千人余の大災害に茫然自失し、現地で被災者・遺族に触れたとき、涙をぬぐった。共感に伴う男の涙は、東日本大震災の発生を境に復権したのだ。

2　不快感の号泣会見

コントロール願望

報道機関の職場で涙が嫌われてきたのは、感情の渦に巻き込まれて冷静な判断が働かなくなるからだ。泣く行為によって他者をコントロールし、自分を守ろうとするからだ。涙は自然な感情のあらわれとはみなされなかった。演技性あふれる、作為的な涙で、責任転嫁や逃避、退行の意図があると受け取られる。被災地で流す涙とは次元が異なる。

兵庫県議だった野々村竜太郎元被告が2014年7月に開いた号泣記者会見は記憶に新しい。感情を爆発させることで、自分を防衛し、周囲を意のままにしようとした。「作為と演技の涙」の典型例だった。300回を超す日帰り出張などを通じ、政務活動費をだまし取っていたことが分かり、その後、有罪判決が確定した。

記者会見は3時間に及んだ。泣き叫ぶ姿がテレビ放送されると、兵庫県に抗議や苦情が殺到。インターネットに動画がアップされると、世界中があきれ、苦笑した。共感の書き込みは見られなかった。問われたのは県議としての資質より、人間性そのものだった。野々村元被告は裸同然で世界に立たされたわけだ。

3　思いやる心で

アナウンサーの共感

２０１６年4月16日、熊本地震の本震があった夜のＮＨＫのニュース・報道番組は、アナウンサーたちが「一人称」で被災者へ語りかけていた。

「避難所にいる皆さん、不安や緊張で疲労やストレスがたまっていると思います。じっと我慢している高齢者の方がいます。声をかけてあげてください。そして、何度も怖い思いをしている小さなお子さんがいます。どうぞ手をにぎってあげてください。抱きしめてあげてください。子どもがいることで気を遣って避難所の中に入れず、つらい思いをしているお母さんやお父さんもいます。どうぞこの夜を、みなさんで助け合って過ごしてください」

ＮＨＫ総合テレビの「ニュース7」で、高瀬耕造アナウンサーが語った「一人称」のメッセージだ。

続いて放送された「ＮＨＫスペシャル」。司会の武田真一アナウンサーは、顔がむくみ、焦燥しきっていた。それでも言葉には力がこもっていた。

「こんばんは。熊本県は私のふるさとです。家族や親戚、たくさんの友人がいます。そのふるさとで多くの方が犠牲になり、そして多くの方々が絶え間なく続く地震におびえながら、また今夜も明かりのない夜を迎えることを思いますと、胸が締め付けられます」

番組の最後には「被災地のみなさん、そして私と同じように、ふるさとの人たちを思っている全国のみなさん、不安だと思いますけれども、力を合わせて、この夜を乗り切りましょう。この災害を乗り越えましょう」と語りかけた。

電波に流れた共感

高瀬氏は阪神・淡路大震災の被災地、兵庫県の出身。武田氏は熊本県の出身だ。

放送から3日後、武田氏はＮＨＫのブログにこう書き込んだ。

熊本地震で石垣が崩れた熊本城　2016 年 4 月、熊本市提供

熊本は、私の故郷です。
家族や親戚や友達がいます。
育った家もあります。
思い出の景色もあります。
（略）
そんな故郷が、いま、大変な状況になってしまいました。
現地からの映像を見ると、胸が痛いです。
でも、大勢の人たちが支援に入り、
私たちの同僚もたくさん現地で取材や中継に走り回っています。
東京にいる私たちも、少しでも捜索や復旧、そして生活支援が進むように、
よりよい番組をつくっていきます。

がまだせ！　熊本！
（「がまだせ！」は熊本弁で「がんばれ！」という意味）

一方、高瀬氏は「ニュース７」からの異動を控えた17年３月28日のブログに記した。

今年度が終わろうとしています。
出会いと別れが交差する、
私たちアナウンサーにとっても切ない時期です。
まもなく、ニュース7を卒業します。
この1年でもっとも忘れられないのが、熊本地震です。
4月16日、2度目の震度7の揺れが襲った日。
次々に被害の情報が入ってくる中で、
強い不安や緊張を抱えて避難所に集まっている人々が大勢いました。
自分に何が言えるか。
キャスターとして、一人の人間として何が言えるか、
何も言えないのではないか、
それでも、何かができるのではないか…。
悩んだ末、ニュース7の最後に、こう呼びかけました。
避難所にいる皆さん、
不安や緊張で疲労やストレスがたまっていると思います。

（略）

どうぞこの夜を、みなさんで助け合って過ごしてください。

皆さんそれぞれに、異なる事情や感情があることを知ってほしい。

「被災者」と、ひとくくりにしてはならない。

自戒をこめて、

避難所にいる皆さん、支援にあたる皆さん、

そして全国の皆さんに向けて呼びかけた言葉でした。

自分にできることは何か、

常に考えながら、常に悩みながら、

これからも精一杯お伝えしていきます。

本当にありがとうございました。

両アナウンサーは事実を冷静に伝える一方で、温かい言葉で被災者を励まし、徹底的に寄り添おうとした。まぎれもない「共感報道」だった。

防災・減災を

取材や番組制作の指針を定めたＮＨＫの「放送ガイドライン」は、東日本大震災を受けて改訂された。

２０１５年に発行された最新版は「被害や影響を軽減するために必要に応じて視聴者にさまざまな注意喚起を行う」と明記した。さらに「被災地には、大切な人や家や仕事を一瞬にしてうしない、深く傷ついた被災者が数多くいる。被災地では、被災者の気持ちを第一に考えて、プライバシーなどに十分配慮する」ことを職員に義務付けた。

こうした防災・減災に向けた不断の取り組みが、熊本地震における励まし型アナウンスの「共感報道」へとつながったと思えてならない。

第 9 章

大きな可能性

1　被災者の心を開く

良き聞き手に

宮城県仙台市に本社がある河北新報社は、震災で沿岸部の支局や販売店が被災し、関係者の死亡数が2ケタに上った。同社報道部の古関良行副部長は『新聞研究』（2014年11月号）に「良き聞き手の記者による取材活動は、被災者の心の回復につながることがある。東日本大震災の震災報道に携わって感じたことの一つである」と問題提起した。

古関氏によると、津波で約7キロ流された宮城県東松島市の夫婦は、震災直後に同社の女性記者に体験を何度も話すことで気持ちの整理ができた、と証言した。取材に応じることで、自分の体験を客観的に見ることにもなり、ショックからの立ち直りが早かった、と夫婦は話した。

女性記者は九死に一生を得たこの夫婦のもとへ足繁く通った。

「何度も何度も通ってきた。話に何時間も耳を傾け、一緒に現場を訪れて話の内容を確認した。親類や友人が犠牲になった悲しみや後悔を打ち明けると、涙を流しながら2人の気持ちを受け止めてくれた」

そんなふうに語る夫婦の言葉を古関氏は記録している。

古関氏は「取材対象となる人々に敬意と思いやりを持って丁寧に接する。人の悲しみや苦悩を自分の身に置き換えて考えることができる。そんな記者としての姿勢や想像力、感性がこれからはますます大事になるのではないか」と結論づけた。

取材が被災者や遺族にプラスの心理的効果をもたらす可能性があることに言及した報道人の報告は、とても貴重だ。

新聞社や放送局は公正な報道・評論によって「国民の知る権利」に応えることを大きな目的とし、取材による心理的効果はこの目的から大きくそれた副次的現象であると考えられてきた。効果が2次的、3次的とはいえ、取材を受ける被災者や遺族にとって、プラスの効果があり、マイナスの効果や心身を傷つける侵襲性がなければ、取材を受ける動機に十分つながるだろう。

「共感報道」が、ジャーナリズムの未来の扉を開くカギを握っている意味がここにある。

震災発生から1年を前に追悼企画取材に当たった地元紙の岩手日報社は、遺族の消息を一人ひとり聞いて回った。担当の報道部次長は『新聞研究』(12年4月号)で「取材では、かけがえのない人を亡くした遺族に話をうかがう以上、われわれ記者も心を開いて臨むよう心掛けた。多くの記者が仮設住宅の小さな仏壇の前で、遺族とともに涙をこぼしながら、話が尽きるまで1時間も2時間も故人の人生を聞き続けた」と語った。

この追悼企画は12年3月11日付朝刊から記事掲載された。

何時間も傾聴しながら涙する報道人の行為は、被災者・遺族の心を解き放ったに違いない。

2 「共感報道」の取材対象

子ども取材のリスク

岩手県大槌町の避難所を取材した同じ岩手日報社の男性記者は、「僕たちを食い物にするのですか」と言われたと『新聞研究』(16年4月号)で告白した。

「遺児や孤児を取材できないか」と本社から手配が来て、避難所になった高校を取材した男性記者。高校生の中に行方不明の母親を捜す女子生徒がいることを知り、高校生たちに取材を申し込んだ。

「報道目的とはいえ、彼らの目には反発と戸惑いがあった。それでも涙を流しながら、気丈に取材に応じてくれた女子生徒に感謝し、書くことで応えようとした」と記した。

日本が批准している「子どもの権利条約」は、18歳未満を子どもと定義し、取材を含めて子どもに影響を及ぼすすべての事柄について自由に意見を表明する権利を保障している。

男性記者のリポートによると、母親が亡くなったため祖父母に引き取られた6歳の男児を車の中で取材し、紙面化した。

「ママがずっと帰ってこない。津波に流されたんだよ」と話す男児に胸が痛んだと男性記者は言う。しかし、記事が新聞に掲載された後、関係者から「もう二度と関わらないでほしい」との連絡を受けた。

「紙面に出たことにより、各社から取材の申し込みが相次いだという。報道の狂騒状態の中、善意から取材に応じてくれた相手に迷惑をかけることになってしまった。こちらも時間の限られた中、遺族の心理的負担に配慮を尽くせたかという反省がある。今も写真を撮影した場所を通るたび、後悔の念がよぎる」と振り返った。男性記者の誠実さが伝わる内省の言葉だ。

男児のニュースの後追い取材をしようとした各報道機関の「狂騒状態」は、傾聴や共感とはかけ離れた取材姿勢を示したのではないだろうか。

侵襲性を点検

被災者や遺族に対し、心的外傷に触れる質問などによって、心や体を傷つけたり負荷を与えたりする侵襲性のある取材は、厳に慎まなければならない。特に子どもに対してはなおさらで、大人以上の配慮と点検が必要だ。

国際ジャーナリスト連盟のガイドラインは、子どものインタビューは報道人以外の大人が立ち会わなければ、通常は実施すべきではないと明記している。さらに取材を受ける子どもは、インタビューの内容が報道されることを理解している必要があるとしている。

東日本大震災の取材状況は一体、どうだったのか。

一方、世界保健機関（ＷＨＯ）は「心理的応急処置（ＰＦＡ）フィールド・ガイド」で、被災地の子どものためにすべきこととして「惨状を目にしないよう守る」「動揺させるような話が耳に入らないようにする」ことと合わせ、「メディアや、危機対応を担うわけではなく話を聞きたがる人びとから子どもを守る」ことを求めている。

子どもを「共感報道」の対象とするには、国際ジャーナリスト連盟やＷＨＯに指摘されるまでもなく、課題が山積する。それでも、子どもの立場や視点に立った報道を自粛するわけにはいかない。保護者や教師、子どもの権利擁護団体などの協力を得て、子どもの取材に挑み「共感報道」を前進させる必要がある。

なぜなら、「共感報道」の取材対象は被災者や遺族だけでなく、子ども、女性、高齢者、障害者、難病患者、犯罪被害者、外国人など社会的弱者のすべてだからだ。

第 10 章

共感報道の特徴

1　「共感」の意味

頭と心で感じる

「共感」の一般的な意味は、『新明解国語辞典　第七版』（三省堂）によると、他人と同じような感情（考え）になることだという。つまり、感情移入のことだ。心理学入門書『はじめて出会う心理学　改訂版』（有斐閣）は、米国の臨床心理学者カール・ロジャース氏のクライエント中心療法を取り上げ「共感的な理解とは、相手の立場に立って考え、相手の身になって感じること」と説明し、「相手のものの見方・感じ方をとおして、相手を理解しようと努めること」としている

精神医学の面からは、『心の臨床家のための必携精神医学ハンドブック　第1版』（創元社）が、「『共感』は、同情や同調することではない。患者の喜び、悩み、危機反応を全体として把握し理解する、より客観的な感情である。さらに深めて言えば、看護者が患者の

体験している感情を体験しつつ、思いやりをもちながらも感情に揺さぶられることなく、常に客観的に判断する自由さを保っていることである。これがすなわち『受容』でもある」と解説する。

その一方で、『精神・心理症状学ハンドブック［第3版］』（日本評論社）は、「実は共感という概念は多義的である」とし、「同じ共感といってもかなり認知的要素の強い部分と情動的要素が強い部分があることが明らかなのである」と指摘している。

これらを踏まえると、相手を情動面から感情的に理解し、かつ、認知面から知的に感じ理解することが共感を指すことになる。平たく言えば、頭と心で相手を感じ、頭と心で相手を受け入れることになるだろう。

河北新報社の男性副部長や中部日本放送の女性記者が明らかにした取材過程は、被災者・遺族らとの間で認知と情動の双方から互いを受け入れることで共感が生まれたことを示す。

「共感報道」は、この共感に支えられながら、被災者や遺族の立場に立った報道を冷静に追求することで実現する。

取材過程の共感

これまで見てきた「共感報道」の取材・報道過程を点検すると、次のようなステップを踏んでいる。

・取材相手を憐み、同情する。
・相手の置かれた境遇を尊重し、相手の立場をわが身と置き換える。
・相手を否定せず、良い悪いの評価を下さず、相手の話に耳を澄ます。
・「一人称」で語り、自分を開示する。
・寄り添いながらも、理解できない感情や話がある場合にはそのことを相手に伝え、深い理解につなげていく。
・感情の渦に心が巻き込まれそうになっても、頭は冷静さを失わず、必要な話は聞き逃さない。
・取材の成果として新聞や放送で報道し、相手にフィードバックする。
・その結果、相手から返礼があり、温かくねぎらわれる。

報道の損得勘定

「共感報道」では、取材相手から損得抜きで感謝の言葉をおくられるケースが多い。先

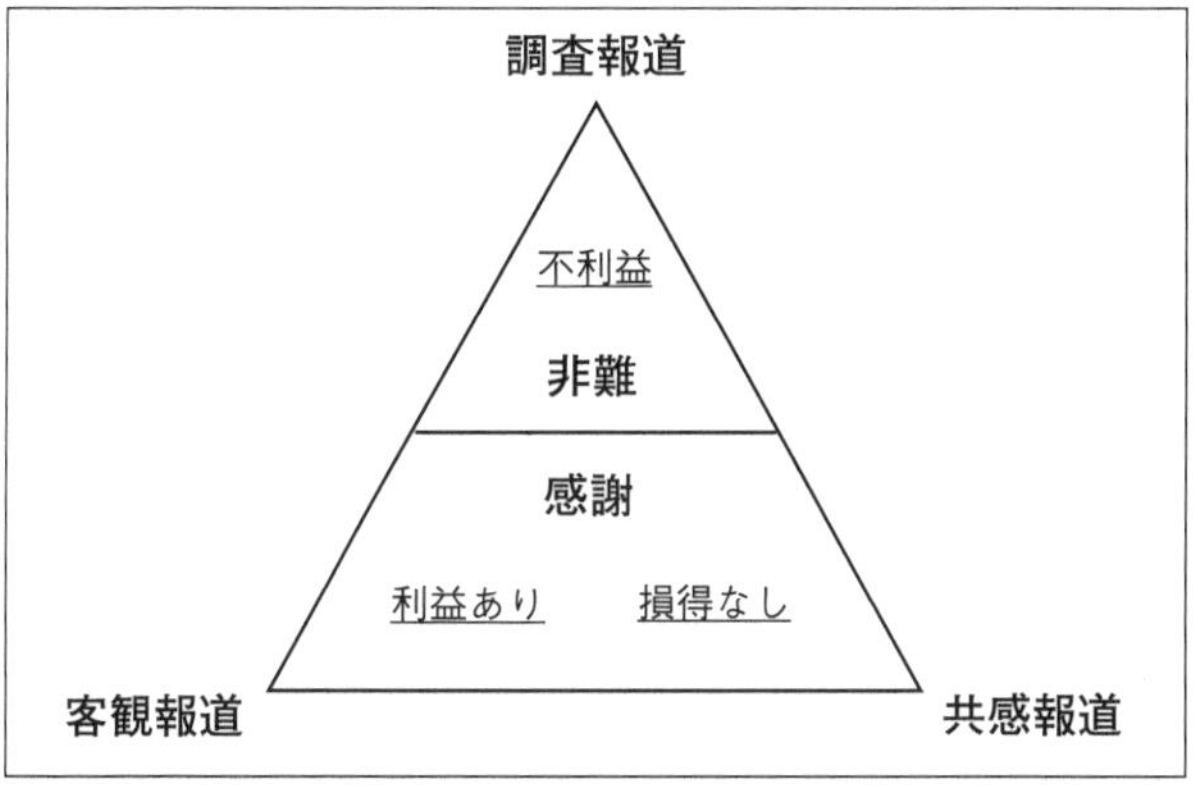

【図1】「報道の損得」報道人は感謝されるか非難され、取材相手は利益を被るか、損得なしか、不利益を被る。

にみた『月刊民放』にも『新聞研究』にも、御嶽山噴火災害の例でも、それは記録され、報道人のモチベーションにつながっていた。

それに対して、権力の不正を暴くことを目的にした「調査報道」では、取材相手から非難されたり、クレームを付けられたりすることが日常茶飯事だ。公益をマスコミの立場から追求しているとはいえ、相手の嫌がる取材・報道をし、個人に不利益をもたらす以上、それは避けられない。

一方、「客観報道」は、ファクト優先とはいえ、取材相手の利益につながれば、単純に喜ばれる。経済的利益ばかりでなく、政治的利益、社会的利益、法的利益も含まれる。取材相手が行政であろうが、警察であろうが、企業であろうが変わらない。「宣伝してくれたおかげで反響が大きかった」と感謝され、「これは宣伝ではなく、あくまでも報道です」と報道人が気色ばんでも、「そうは言っても、大変助かりました」と返されるのがオチだ。

報道の効果をめぐる返礼は、「共感報道」「調査報道」「客観報道」によって異なり、対立する極を構成する。

これらを図示してみよう【図1】。3つの報道の位相がはっきりする。

安定性を点検

次に「共感報道」を、相手が引き続き取材を受けたいかどうか、報道人がさらに取材したいかどうか、という視点から考えてみよう。

相手が取材を受けたいと希望する一方で、報道人が取材したいと求めれば「共感報道」は成立しているか、成立しつつあると考えられるだろう。相思の関係に近い。

報道人が取材を希望しても、相手が受けたくないと拒む場合は、取材が「片思い」に終わり、「共感報道」は成立しないだろう。これを「報道人片思い型」と呼ぼう。

報道人が取材したくないと考える反面、相手が取材を受けたいと希望する場合も、成立しない。これを「報道人慕われ型」としよう。

最後は、取材を受けたくないと拒む相手と、取材をしたくないと拒む報道人のケースで、

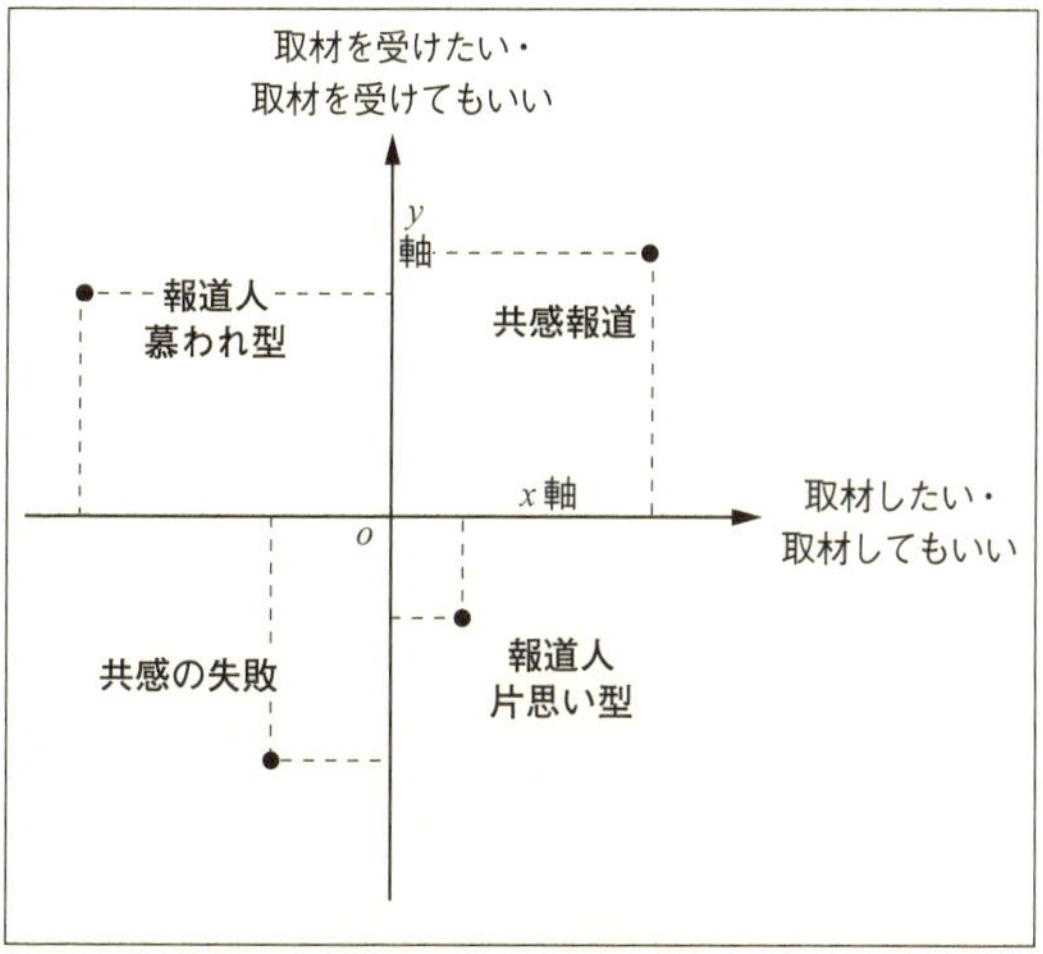

【図2】取材希望の有無でみた共感報道

これを「共感失敗」と呼ぼう。

これを座標平面に示す。x軸は「取材したい」または「取材してもいい」、y軸を「取材を受けたい」または「取材を受けてもいい」とする。第1象限から第4象限までは次のようになる【図2】。

この座標平面は、取材をめぐる希望や意欲の大小強弱（例として各象限に点がプロットされている）によって、「共感報道」の安定性や実現可能性が可視化される。

取材のたびに報道人が座標平面を思い浮かべれば、自分の立ち位置と課題を確認することができ、「共感報道」を高められるだろう。

2　共感報道のプロセス

単純モデル

報道人が自分の意見や信条、感情を抑え、批判精神を持ちながら事実を報道するのがファクト優先の「客観報道」だった。それに対して「共感報道」は、傾聴と共感に基づいて取材相手と感情を分かち合い、取材結果をフィードバックする報道だと説明してきた。一方、「調査報道」は報道機関独自の取材・調査で権力犯罪や社会不正を暴く報道だった。報道資料や報道発表文が提供されることはなく、取材手法は「客観報道」に極めて近かった。それぞれを「冷たい報道」「温かい報道」「熱い報道」と名付けたのはこれまで見たとおりだ。

これら報道のそれぞれに特徴的なプロセスをこんどは単純化し、図示してみよう。

温と冷のプロセス

「共感報道」の報道過程は、報道人が取材相手について①傾聴し肯定する、②共感し自己を開示する、③取材結果をフィードバックする――にまとめることができる【図3】。

これに対し「客観報道」は、報道人が①意見や感情を抑制する、②批判精神に基づき、事実を客観的かつ正確、公平に報道する、③取材・報道内容を取材相手に説明しない（介入・干渉回避のため）――であらわされる【図4】。

「調査報道」は「客観報道」と似たプロセスを歩む。感情を抑制しつつ、批判精神を前面に出しながら、報道の結果をフィードバックしたり説明したりすることは絶対にしない。フィードバックは言い訳や釈明と受け取られる恐れがあるからだ。取材対象は政治家や高級公務員、大手企業役員らに限られるのが特徴だ。

こうした理由から、「調査報道」の図示は省略してよいだろう。

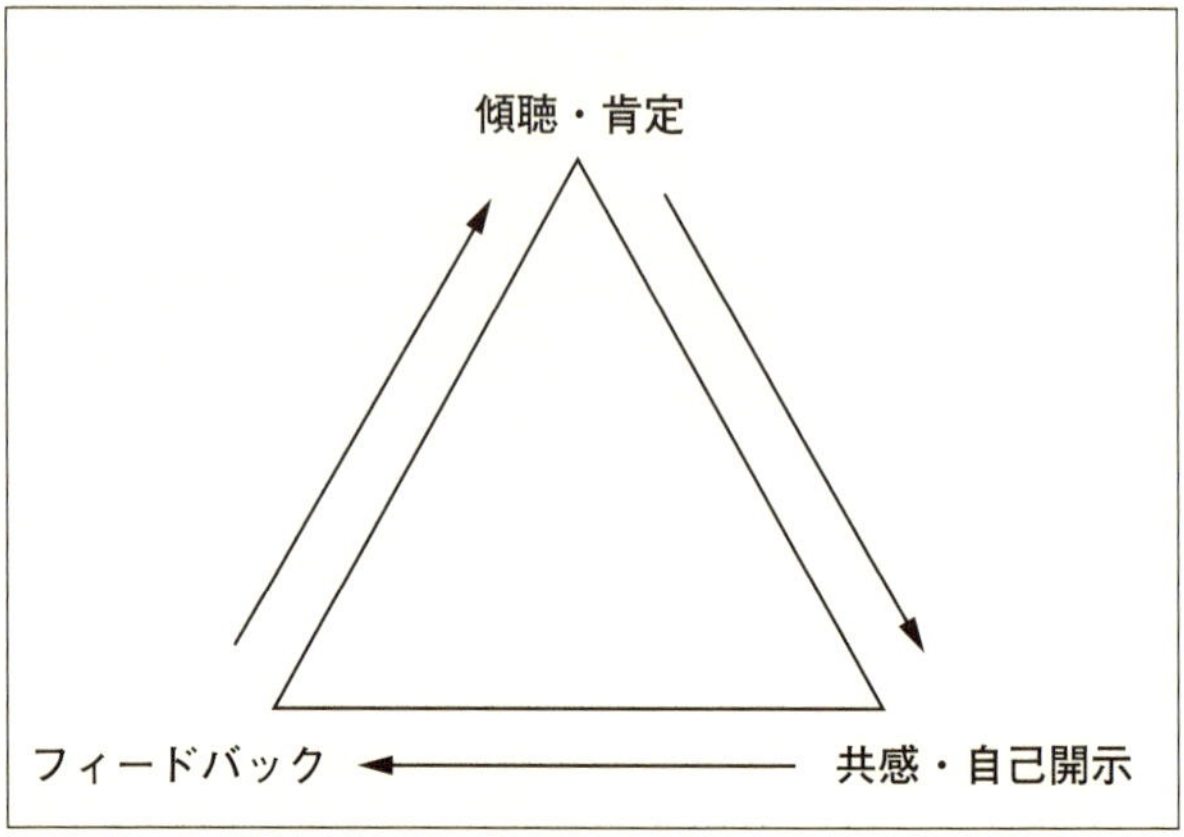

【図３】共感報道の取材・報道過程

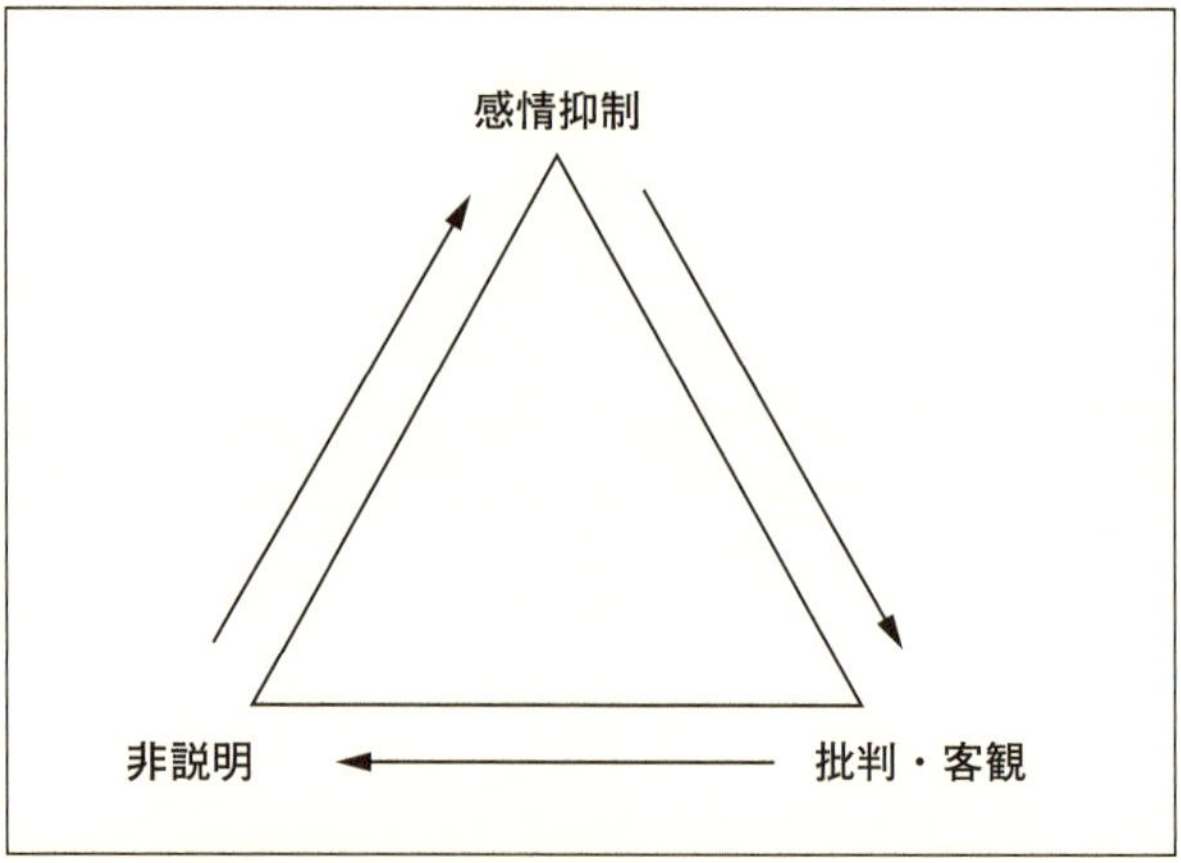

【図４】客観報道の取材・報道過程

3 客観と共感で揺れる

葛藤の処理

官公庁などの記者クラブを拠点に普段から「客観報道」に当たっている報道人も、東日本大震災や御嶽山噴火などの大災害が起きれば、被災現場へ駆けつけなければならない。人繰りのためだ。特に地方ではそうだ。好むと好まざるにかかわらず、得手不得手に関係なく、「共感報道」が被災現場で迫られる。

報道過程が対極にある「客観報道」と「共感報道」との間で報道人は大きく揺さぶられ、矛盾に直面し、そして葛藤する。

人材教育や記者研修の場で学んだ批判精神や感情抑制、自己の非開示は、「客観報道」では欠かせない取材技法だった。逆に「共感報道」ではそうした態度は通用せず、障害にさえなる。葛藤はおのずと深刻になる。

「客観報道」と「調査報道」では、心情的に自分を偽ろうとしたり取材相手を欺こうとしたりしても、取材に支障をきたすことはないか、少ないと言えるだろう。自分の感情に素直になることは求められない。仮面をかぶっていても「職業の鎧」や「肩書」が自分を守ってくれる。

だが、「共感報道」ではそうはいかない。取材の現場で、人間性そのものが問われることは、御嶽山噴火災害の例でみたとおりだ。

取材に生きる心理学

自分に正直になり、自分のありのままを見せなければ、被災者や遺族は心を開いてくれない。傾聴さえできない状況に陥る。

クライアント中心療法で知られ、臨床心理学の世界に大きな足跡を残したカール・ロジャース氏は、心理カウンセリングが成功するための条件として3つ挙げている。

1つ目は、クライアントに抱く感情に正直であり、うそ偽りがないこと（自己一致・純粋性）。

2つ目は、クライアントのありのままを受け入れること（無条件の肯定的配慮）。

3つ目は、クライアントの立場に立って考え、クライアントの身になって感じること（共感的理解）。

てくれている。

「共感報道」の取材がどうあるべきかについて、ロジャース氏は報道人にヒントを示し

前出の『はじめて出会う心理学　改訂版』によると、心理療法が成功する場合には、心理療法の理論や技法が違っていても、共通した特徴がみられるという。

「それらを調べた研究によると、①治療者と患者の間に感情移入が成立している、②治療者と患者の間にラポール（相互に信頼する関係）があり、人間関係がよい、③患者が何でも話したいことを話してよいと感じている、④患者が積極的役割を演じている、⑤患者はいつも治療者から理解されていると感じている、⑥治療者は患者の感情を理解しようと努力している、といった点です」

報道人と臨床心理士は、活動の場も活動の目的も全く異なるけれども、「共感報道」における取材過程と心理療法のアプローチは驚くほど共通点がある。ならば、心の葛藤を研究テーマにする臨床心理学の科学的知見や考えを、「共感報道」に生かさない手はない。取材相手を傷つけず、正しく理解し受け止める道筋がそこに浮かび上がってくる。

先に取り上げた河北新報社の古関氏による「良き聞き手の記者による取材活動は、被災者の心の回復につながることがある」との指摘は、ここで説得力を増す。

支持すること

御嶽山噴火災害の遺族である所清和さんは、取材に来た報道人から自分自身を否定されたことはなく、むしろ支持されたと振り返る。

「所さん、それは違うよと言われたことはありません。ただ、御嶽山登山の『責任』の所在について、『登山イコール自己責任』と持論を述べる記者がいました。わたしは『えー』と思いました。御嶽山の登山やハイキングは観光、地域振興のために奨励されていました。『自己責任』のひと言で片づけられてしまったら、火山防災の取り組みは要らないことになってしまう。この記者には何を言ってもしょうがない、カッカしても無駄だと思い、口をつぐみました。その記者は二度とわたしを訪ねてはきませんでした」

遺族の話を傾聴するよりも、被災者を同情し憐れむよりも、自分の信条や意見をまず口にする報道人に、共感の心は芽生えるはずもない。涙を浮かべることもない。「客観報道」にどっぷりつかってきた報道人は、批判精神が旺盛なだけに、相手を認める前に自分を押し出してしまう。所さんの経験は、そんな報道人の危うさが露見したケースだ。

報道人は、取材テーマや報道の局面により、「客観報道」と「共感報道」の間を行ったり来たりする。それが葛藤を生み、場合によってはメンタルヘルス上の問題につながっていく。

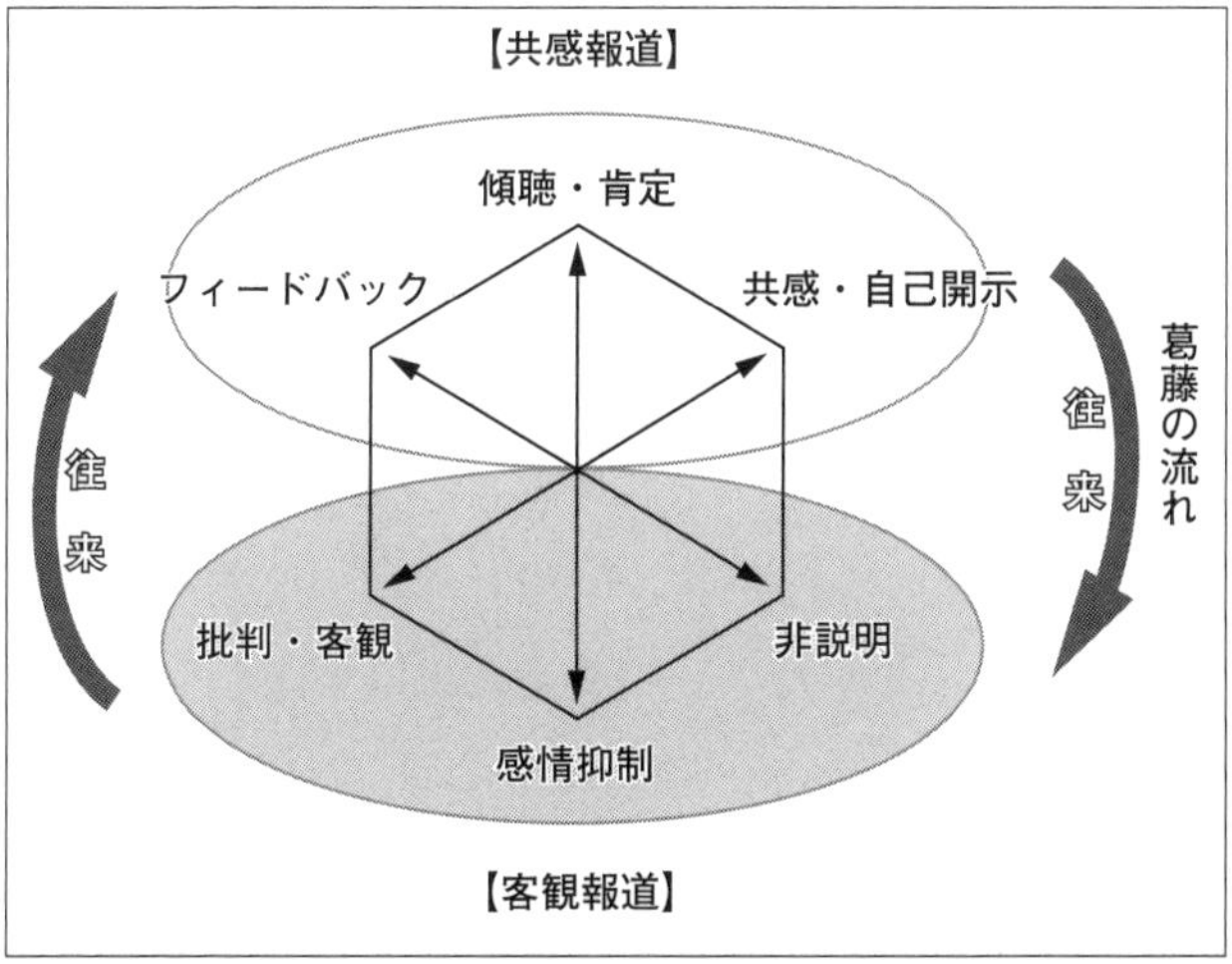

【図5】取材テーマにより客観と共感の報道を往来する

取材相手を傷つけず、自分をも傷つけないために、報道の葛藤プロセスを図の3と4をベースに示してみよう【図5】。

葛藤の流れ

報道のテーマや担当によって、「傾聴・肯定と感情抑制」、「共感・涙と批判・客観」、「フィードバックと非説明」の間を報道姿勢が激しく揺れ動く場合、「客観報道」から「共感報道」へ柔軟に切り替えたり、逆に「共感報道」から「客観報道」へ切り替えたりできる報道人は、その柔軟性ゆえに取材の失敗や報道のミスは起こりにくいと考えられる。彼らは直面する葛藤を適切に処理し、矛盾をうまく切り抜ける。さらに取材・報道の達成感を味わうに違いない。

ところが、切り替えができなかったり、切り替えがうまくいかなかったりする報道人は、取材相手を傷つけたり、自分自身が傷ついたりして大きなストレスを抱え込む恐れがある。

注意しなければならないのは、心に大きな悩みを抱えていたり、性格にひどい歪みがあったりする報道人だ。知らず知らずのうちに、それらの悩みを取材相手へ反映したり、性格の歪みからくる自己防衛の態度を過剰に見せたりすることがあるからだ。傾聴と共感のさまたげになることは避けられない。

心に問題を抱えていない人や性格に歪みのない人は少数派に違いない。もちろん報道人も同じだ。

自分を知る

パートナーとの関係が不仲になり、心がささくれ立っているカメラマンは、攻撃的な態度と被害妄想的な態度を同時に取るかもしれない。子どもの受験をめぐり家族に小言を言われ続けているディレクターは、人生にすっかり嫌気がさしているかもしれない。特ダネが取れず周囲から冷たくあしらわれている記者は、焦りだけしか感じていないかもしれない。人間ドックで胃がんの疑いを指摘されたアナウンサーは、胃の痛みが気になって夜もろくに眠れていないかもしれない。

しかし、被災現場へ直行しろとデスクから命じられれば、被災者や遺族と向き合わなければならないのが報道人だ。

「家庭や個人の問題は取材現場に持ち込まない。そんなこと、プロである以上、分かっています。仕事に穴は空けません」。どんな報道人もこう言い切るだろう。でも、待ってほしい。

個人の問題や性格の歪みを現場へ持ち込まないと、だれが言い切れるだろうか。だれにでも、独自の思考、言動と情動のパターンがある。日常生活に大きな支障がないから、多少の問題や歪みがあっても「病的」と言われないだけだ。

過酷な被災現場で自分を守るために、報道人は気持ちを抑圧したり、反対の感情を相手に向けたり、自分の言動を合理化したりする。時には退行したり、逃避したりすることもある。わたしも実はそうだった。

自分に特徴的な思考と情動のパターンを前もって理解していれば、個人の問題や性格の歪みを過剰に表出することはなくなる。自分を点検し、自覚的に振る舞えるからだ。

「いまの自分は、どんな振る舞い方をする傾向があるだろう」

「自分の性格からすると、相手のどんな言動に敏感に反応してしまうだろう」

取材現場へ駆け付ける前に、自分へ問いかけなければならない。

「共感報道」は、内省を通じて自分を知ることからスタートする。自分を知って相手を理解する。相手を知って自分を理解する——この反復運動の先に、「共感報道」の可能性は広がっている。

あとがき

この本は武蔵野大学心理臨床センター紀要（2016年　第16号）に掲載された研究報告「報道記者が取材対象者に『共感』を覚える意味について」がベースになっています。藤森和美教授（臨床心理学）の指導により、報道人の涙が共感のシンボルなっている現状を考察しました。この中で「共感報道」の言葉を初めて使ったのをきっかけに、新しい報道の可能性を追求するスタイルとして「共感報道」を提唱しました。

現役の報道人だったときに徹底して教え込まれた「客観報道」と、手探りで挑んだ「調査報道」と比較し考察すると、「共感報道」の輪郭がはっきりしました。

3つの報道は対極にあります。取材対象と報道領域は異なり、取材技法も別です。とはいっても、それぞれは補い合って豊かな報道を支えています。決して対立するものではなく、優劣もありません。

ジャーナリズムは時代の求めに応じて変わります。未曾有の被害を招いた日本の侵略戦争の深い反省に立って「客観報道」は生まれました。「調査報道」は55年体制がもたらした政治社会の目に余る腐敗が理由で注目されました。そして「共感報道」です。

東日本大震災に続き、御嶽山噴火災害、熊本地震を通じて、「共感報道」は涙の価値を認識させてくれました。同時に課題もはっきりさせました。

その1つが、報道人はあまりにも自分のことを知らないということです。自分の思考と情動のパターンについて、特徴や歪みを知りません。「共感報道」を実り豊かにするには、職業の「鎧」や肩書、特権意識を捨て、自分の特徴や歪みを理解しなければなりません。

精神科医や臨床心理士が手元に置く『精神科面接マニュアル　第2版』（メディカル・サイエンス・インターナショナル）は、「温かく、礼儀正しく、そして感受性を鋭く保つ」ことを治療者側に求めています。「共感報道」に携わった報道人は、これらに加えて「誠実さ」を持っていました。

彼らが内省を続けたとき、「共感報道」はもう1つ上の段階に達します。

本書が実現したのは、藤森教授の指導のほか、取材心理過程を詳述してくれた中部日本放送（当時）の木村圭菜記者と御嶽山噴火災害の遺族である所清和さんの協力（写真も）、フリー編集者兼ライターの二宮善宏さん、花伝社編集部の佐藤恭介さんの温かい励ましのおかげです。

報道は、「報」が知らせることを、「道」が述べることを指すことから、「告げ知らせる」のが本来の意味です。

わたしは「報」を「むくいる」に、「道」を「真実への道」に考えています。だからわたしにとって「報道」は、真実にむくいることを指します。

告げ知らせることと、真実にむくいること。この両義性を持つ「報道」が「共感報道」の取り組みを通じて、実り豊かになることを願ってやみません。

本書に引用した新聞、雑誌、書籍に記載の年月日、地名を含む全文が原文通りです。

これらの著者と関係者の皆さんに深く感謝します。写真を本書に提供してくださった岩手県の大船渡、釜石両市、熊本市、ジャーナリストの上野敏彦さんにお礼申し上げます。

2018年5月

著者

谷 俊宏（たに・としひろ）
ジャーナリスト、マスメディア研究者。1959年生まれ、神奈川県出身。早稲田大学政治経済学部卒。1984年、共同通信社に入社。大阪社会部、岡山・盛岡・広島・ロサンゼルス各支局、本社文化・外信両部などを経て2015年退社。
論文に「報道記者が取材対象者に『共感』を覚える意味について」「『地方の王国』を清浄化するために」「日本軍に置き去りにされた“アジア人労務者”」など。大正大学大学院で仏教学、武蔵野大学大学院で臨床心理学を学ぶ。

「共感報道」の時代——涙が変える新しいジャーナリズムの可能性

2018年6月20日　初版第1刷発行

著者 ——谷　俊宏
発行者 —平田　勝
発行 ——花伝社
発売 ——共栄書房
〒101-0065　東京都千代田区西神田2-5-11出版輸送ビル2F
電話　03-3263-3813
FAX　03-3239-8272
E-mail　info@kadensha.net
URL　http://www.kadensha.net
振替 ——00140-6-59661
装幀 ——三田村邦亮
印刷・製本—中央精版印刷株式会社

ISBN978-4-7634-0857-0 C0036